これからの物流を読み解く！

湯浅和夫・内田明美子・芝田稔子 著

アニモ出版

はじめに

　2024年問題を機に、物流は、かつて経験したことのない変革の波に巻き込まれています。
　荷主も物流事業者も対応に追われる日々ですが、変化の先には物流の「望ましい姿」が見えています。その意味では、この変化はピンチではなく、チャンスといえます。

　これまでの物流は、すべて「力関係」でその有り様が決められてきました。荷主同士では、顧客の力が強く、顧客の言いなりの納品を強いられてきました。短納期・多頻度小口納品をベースにした物流はその結果の産物です。
　また、荷主と物流事業者との間では、荷主の力が強く、物流事業者は低運賃を強いられ、ドライバーは本来荷主側でやるべき荷役作業を無償でやらされてきました。
　いうまでもなく、このような物流の姿は正常ではありません。理不尽の塊といっても過言ではありません。これまでのこのような理不尽な物流がいま壊れつつあります。これまでの物流の常識が破壊されつつあります。

　その破壊の原動力になっているのが「**ドライバー不足**」です。もともとドライバーの数が減少しつつあるなかで、2024年4月からドライバーの時間外労働に規制がかかり、働く時間が制限されました。結果として、ドライバー不足に拍車がかかっています。
　物流の目的は顧客納品であり、その顧客納品を担っているのがドライバーです。
　ドライバーが不足すれば、必然的に顧客納品に支障が出ます。顧客への納品ができなければ、荷主においては「売上」は実現しません。いくらいい製品をつくっても、いくら営業が頑張っても、最後

の顧客納品ができなければ何にもなりません。

　このことは、国民生活や日本経済にも多大な影響を与えます。そこで、国が動き始めました。国民生活や日本経済を守るため、国は切り札を切ってきました。法規制を発動したのです。
　物流関連二法と呼ばれる法律を国会に提出し、可決成立させました。2024年5月のことです。
　この法律は、荷主に対してやるべきことを義務づけています。また、元請業者に対しても実際に荷物を運んでいる実運送業者を守るための規制をかけてきました。これらの詳細は本文に譲りますが、物流の世界でこのような法規制がかけられたのは初めてのことです。

　このような国の動きに触発され、荷主においては、これまで経験したことのない取り組みを開始しています。つまり、新たな物流の構築が始まっているのです。折しも、**DXの時代**になり、物流の世界でも最新技術が適用され始めています。
　かくして、物流はいま大きく変わろうとしています。この変化の様を詳細に解説したのが本書です。本書により、物流がいまどんな状況にあるのか、これからどんな方向に進もうとしているのかを知っていただければ幸いです。

　最後に、本書の出版にあたっては、アニモ出版の小林良彦氏に多大なご支援をいただきました。この場を借りて、お礼申し上げます。

　2025年1月　　　　　　　　　　　著者を代表して　湯浅　和夫

本書の内容は、2025年1月20日現在の法令等にもとづいています。

これからの物流を読み解く！
もくじ

はじめに

1章 ドライバー不足回避に向けて国が動いた

1-1 ドライバー不足が物流に変革を迫っている ──── 12
　◎これまでの常識が破壊される変革
　◎ドライバー不足は過去に二度起きている
　◎いまのドライバー不足は構造的な問題
　◎ドライバー不足をさらに加速させる時間外労働時間規制
　◎ドライバー不足対策を考える

1-2 物流の持続性確保のための国の動き ──── 20
　◎「物流の革新に向けた政策パッケージ」の登場
　◎法的規制の登場　◎発着荷主における取り組み事項
　◎物流事業者における取り組み事項

1-3 新たに物流関連二法が制定された ──── 31
　◎物流関連二法とは　◎貨物自動車運送事業者に係る措置
　◎荷主に係る措置　◎特定荷主に関する指定基準
　◎貨物自動車運送事業法の改定ポイント
　◎実運送体制管理簿の作成

2章 物流の持続性確保に向けた荷主の取り組み

2-1 「届けられない危機」回避に向けて荷主が動いた ── 44
◎タブーとされていた企業間連携が活発に動き始めた
◎過去の物流共同化の問題点　◎物流共同化への取り組み
◎企業間連携のお手本のような取り組み
◎F-LINEプロジェクトの取り組み
◎製配販連携をめざした精力的な展開が実施に移される
◎製配販連携が実現　◎首都圏ＳＭ物流研究会の取り組み

2-2 事例にみる「連携」の広がり ── 55
◎ユニークな連携が実現している
◎積替え作業を短縮したサプライチェーンにおける連携
◎荷待ち・荷役時間を短縮したメーカー・卸の連携
◎データドリブンな共同配送への取り組み
◎異業種共配のメリット
◎鹿島の「建築現場向け資材納品の共同化」

2-3 広がりを見せる業界一体となった連携の取り組み ── 65
◎家電量販店７社とメーカー、物流事業者の連携
◎日用品サプライチェーン協議会の設立
◎チルド物流研究会の発足

3章 いまこそ物流のあるべき姿への挑戦が求められる

3-1 めざすべきは物流のあるべき姿 ── 70
◎物流の本来あるべき姿への取り組みが必要

CONTENTS

◎物流黎明期のチャレンジ
　　　◎黎明期に物流のあるべき姿にチャレンジした事例

3-2　90年代にロジスティクスが登場する ── 77
　　　◎あるべき姿をめざした取り組みは80年代に姿を消す
　　　◎80年代に物流はどう変わったか
　　　◎物流のあるべき姿をめざした90年代の取り組み

3-3　改めて「ロジスティクス」を考える ── 83
　　　◎物流に対するロジスティクスの考え方
　　　◎ロジスティクス・マネジメントの実際
　　　◎ロジスティクスのサプライチェーンへの展開

4章　これからの輸送

4-1　トラックへの過剰な依存からの脱却が必要 ── 90
　　　◎労働時間規制によるドライバー不足の発生
　　　◎トラックへの依存度は高い
　　　◎自社でトラックを確保する動きがある
　　　◎横暴な荷主から運送事業者を守る「トラックGメン」誕生

4-2　国が「標準的な運賃」を示した ── 95
　　　◎相場運賃も上昇傾向だが
　　　◎「標準的な運賃」はドライバーの待遇改善のため
　　　◎計算の根拠は「『適正な原価』＋『適正な利潤』」

4-3　運送業界における多重下請け構造へのメス ── 100
　　　◎問題視されているのは中抜きによる低運賃
　　　◎目的はドライバーの収入を増やすこと

4-4　トラックによる運び方の工夫〜中継輸送〜 ── 104
　　　◎中継輸送とは　◎中継輸送のメリット

◎荷主の協力も不可欠
4-5　他の輸送モードも含めた運び方の工夫 ―――― 110
　　　◎船、鉄道なら１人でもっと運べる
　　　◎船、鉄道は長距離輸送に強い
　　　◎輸送モードを切り替える「モーダルシフト」
　　　◎輸送距離帯別の輸送モード利用状況
　　　◎輸送リードタイムの延長も許容されるように
　　　◎環境問題の対応策としてのモーダルシフト
　　　◎冷蔵・冷凍品、精密機械も運べる　◎モーダルシフトの実施方法
　　　◎より大きな効果を実現するために
　　　◎あらゆる場面で検討されている運転の自動化

5章　物流拠点のあるべき姿を考える

5-1　物流拠点のミッションとその変化 ―――― 120
　　　◎多品種少量、納期厳守、トラックを待たせない
　　　◎多品種少量への対応ニーズはこれからも続く
　　　◎「翌日納品」は見直す動きがある
　　　◎トラックを待たせないための取り組み

5-2　トラックを待たせないように倉庫作業を計画する ― 123
　　　◎待機が発生してしまう２つの問題
　　　◎積込み所要時間を計画する
　　　◎所要時間計画に物流ＡＢＣが役に立つ
　　　◎倉庫作業はトラック到着時刻からさかのぼって行なう
　　　◎中長期の計画で倉庫作業を変える
　　　◎本来、合理的な「積込み起点」の作業手順
　　　◎非合理な「受注起点」手順が採用される２つの理由

◎荷姿・積込み順の可視化は積載率向上にも重要

5-3 【YKK APの取り組み】
　　　トラックへの積み方をシステムで計画する ───── 129
　　　◎出発点は「パレット化」で低下した積載率の復元
　　　◎なぜパレットに積むとすき間ができてしまうのか
　　　◎技術ですき間を最小化する
　　　◎「完成予想図」に向かって出荷作業を行なう体制が実現

5-4 【トラスコ中山の取り組み】
　　　多品種少量のモノを「置ききる」────────── 135
　　　◎モノを置ききる取り組みの先進事例
　　　◎6種類の保管機器に61万アイテムを配置する
　　　◎入庫ルールが生命線となるフリーロケーション方式を採用
　　　◎プラネット埼玉の入庫誘導ルール
　　　◎ユニット化した商品サイズと保管場所をマッチング
　　　◎出荷頻度をふまえて作業効率を確保する
　　　◎平棚の間口もデータで管理し、改善する

5-5 「瞬発力」から「計画力」へ。
　　　これからの物流センター管理の要点 ─────── 141
　　　◎キーワードは「計画力」
　　　◎当日出荷のためにやむを得ない受注起点作業を見直す
　　　◎作業手順の再構築で翌々日納品のメリットを活かす

6章 物流DXで何を変えていくのか

6-1 物流DXの全体像をみてみよう ───────── 144
　　　◎デジタル技術で物流をよりよいものへと変革する
　　　◎DXは目的ではなく手段である　◎物流DXの5つの分野

◎改めて、ＤＸは物流をどう変えるか

6-2　リスクなしで自動化のメリットを享受する ───── 156
　　　◎これまでの常識としての自動化リスク
　　　◎「非固定的な自動化」が実現している
　　　◎「部分的な自動化」でもメリットを得られる
　　　◎ソフトウエアが進化すれば従来の機械も進化する

6-3　「見える化」の先にある変化を見極める ───── 161
　　　◎見える化の目的は、情報がないために発生するムダをなくす
　　　◎「バース予約システム」の次の可能性
　　　◎バース予約から物流量平準化への一歩を踏み出す
　　　◎「配車支援システム」の次の可能性
　　　◎配車シミュレーションがデータドリブンな変革の基盤となる
　　　◎「配車案件管理システム」の次の可能性
　　　◎業務の「消失」が改善に取り組む余力を生む
　　　◎物流情報の「データ連携」は容易ではない
　　　◎「データ連携」を支援するデータウェアハウスサービス
　　　◎データ自動連携が物流ＤＸのインフラとなる

6-4　「シェアリングエコノミー」への展開 ───── 170
　　　◎マッチングサービスの進化
　　　◎シェアリングエコノミーへの展開
　　　◎フィジカルインターネットとは
　　　◎フィジカルインターネット実現会議

7章　物流ＧＸで何が変わるのか

7-1　脱炭素が求められる背景 ───── 174
　　　◎暑すぎて働けない　◎日本でも高温化が進む

CONTENTS

　　　　◎めざされている「カーボンニュートラル」とは

7-2　脱炭素をベースに国を発展させる ──────── 176
　　　　◎グリーン成長戦略の策定
　　　　◎産業・エネルギー政策の大転換をめざす「ＧＸ」
　　　　◎ＧＸ推進法で社会構造の変革を促す
　　　　◎カーボンプライシングの導入
　　　　◎カーボンプライシングの類型
　　　　◎新しいエネルギーへの期待
　　　　◎ペロブスカイト太陽電池とは

7-3　物流におけるCO_2排出の現状 ──────── 183
　　　　◎日本全体と物流部門の割合
　　　　◎第一歩は自社のCO_2排出量の把握

7-4　荷主における脱炭素への取り組み ──────── 187
　　　　◎脱炭素の取り組みの方向性　　◎モーダルシフトの有効性
　　　　◎連携による取り組み

7-5　物流業界における脱炭素への取り組み ──────── 191
　　　　◎トラック運送事業者における取り組み
　　　　◎エコドライブの推進
　　　　◎物流センター・倉庫における取り組み

おわりに〜結びに代えて〜　195

カバーデザイン◎水野敬一
本文ＤＴＰ＆図版＆イラスト◎伊藤加寿美（一企画）

1章 ドライバー不足回避に向けて国が動いた

1　ドライバー不足が物流に変革を迫っている………12
2　物流の持続性確保のための国の動き……………20
3　新たに物流関連二法が制定された………………31

執筆◎湯浅 和夫

1-1

ドライバー不足が
物流に変革を迫っている

📦 これまでの常識が破壊される変革

　いま、物流は大きな変革の只中にあります。物流関係者なら誰しもそれを実感しているのではないでしょうか。特筆すべきは、いま起こっている変化は、これまでの延長線上での変化ではなく、物流におけるこれまでの常識を破壊するという形で起こっているということです。つまり、物流はいま新たなステージに上がりつつあるのです。

　このような変化のきっかけになったのは、いうまでもなく「ドライバー不足」です。ドライバーの世界では、高齢化が進むと同時に若年層においてドライバーのなり手が少ないため、結果として、年々ドライバーの数は減少していくという実態にあります（下表参照）。

　何も対策を講じず、ドライバーが減っていくのを放置しておくと、2030年度には34％の輸送力が不足するという説もあります。もちろ

◎ドライバーの年齢構成の変化◎

【大型ドライバーの年齢構成】

	15〜29歳	30〜39歳	40〜49歳	50歳以上
2001年	28.5%	26.8%	31.8%	12.8%
2019年	3.5%	15.6%	36.2%	44.7%

【中・小型ドライバーの年齢構成】

	15〜29歳	30〜39歳	40〜49歳	50歳以上
2001年	26.8%	31.3%	20.8%	21.0%
2019年	20.8%	16.5%	21.2%	41.5%

ん、何もしないということはありませんので、これだけの輸送力不足は起こらないでしょうが、それでも、ドライバーが減っていくことはたしかです。

　ドライバー不足は「運べない危機」の到来を意味します。物流は、顧客から注文された商品を顧客に届けるための活動です。顧客納品のために物流は存在するのです。
　顧客への納品はすべてトラック輸送が担っており、そのトラック輸送を支えているのがドライバーです。そのドライバーが減少すれば、トラック輸送で届けられる量は必然的に減少します。輸送供給力が低下するということです。
　供給力がトラック輸送の需要よりも低くなれば、必然的に「顧客に届けられない」という事態が発生します。届けられなければ、「売上の減少」という事態を引き起こします。企業経営としては大変な事態です。これが「ドライバー不足」の意味するところです。

ドライバー不足は過去に二度起きている

　このドライバー不足は、物流の歴史を振り返ると、過去にも二度起こっています。一度目は、1970年代初頭の高度経済成長期末期の頃です。二度目は、1990年前後のバブル経済期の時代です。いずれも、著しい経済成長により輸送需要が輸送供給力を大幅に上回ったため、運べないという事態が発生しました。このときも「ドライバー不足」が騒がれました。
　特にバブル経済期は、輸送需要が輸送供給力を大幅に上回りました。1992年2月に出された運輸審議会の答申では、「近い将来、トラック輸送の40%は運べなくなる」と警告しています。現在よりも深刻なドライバー不足に直面していたのです。事実、顧客に納品できないという事態が日常的に起きました。顧客からのクレームに営業担当者が謝罪に出向き、会社に戻って物流部門を叱咤するという光景が多くの企業で見られました。

運賃はいくらでも払うからトラックを回してくれ、とトラック輸送業者に頼んでも、ドライバーがいないわけですから、トラックを回すことはできません。この頃、限られたトラックを優先的に回すために「優先荷主リスト」なるものを多くのトラック輸送業者がつくっていました。付き合いが長く、それなりの運賃を支払ってくれていて、ドライバーへの対応がよいという荷主が選ばれた荷主になり、トラックを優先的に回してもらうということになりました。
　それはともかく、これら二度の運べない危機は、高度経済成長の終焉、バブルの崩壊により経済成長が下降に移行したため、輸送需要が一気にしぼみ、ドライバー不足はあっという間に解消されました。つまり、この二度のドライバー不足は、著しい輸送需要の増加が供給力を上回った結果起こったことで、輸送需要の縮小により簡単に解消されたわけです。

いまのドライバー不足は構造的な問題

　ところが、いま起きているドライバー不足は、過去二度のドライバー不足とは違い、輸送需要とは無縁の原因で起こっています。ドライバーの定年ないしは中途退職や新規の成り手の減少によりドライバーの数が減ってしまった結果として起こっているのです。
　トラック輸送需要の急増が供給を上回ったためではなく、輸送需要に関係なく、ドライバー自体が減ってしまっているわけです。その最大の要因は、新規のドライバーのなり手が少ないということで

◎ドライバーの労働条件◎

	所得額	労働時間
全産業平均	489万円（100.0％）	2,112時間（100.0％）
大型トラックドライバー	463万円（94.7％）	2,544時間（120.5％）
中小型トラックドライバー	431万円（88.1％）	2,484時間（117.6％）

す。低賃金ときつい労働を強いられるドライバーに誰もなりたがらないということです。

ドライバーの賃金は、全産業平均と比べて1割から2割低い、労働時間は2割長いという状況ではドライバーの仕事をしたいという人は出てきません（前ページ表参照）。

また、ドライバーは到着先で長時間待機を強いられ、積み降ろしのみならず横持ち、階上げ、棚入れ、倉庫内の在庫の片づけ、梱包やラベル貼りなど本来、荷主側で行なうべき作業をやらされているという実態があります。新規にドライバーとして雇用しても、すぐに辞めてしまうという声をよく聞きますが、それはこのような労働の過酷さに原因があることは明らかです。

つまり、いまのドライバー不足は、過去のように需給関係から生まれているわけではなく、ドライバー自体が減っていくという「**構造的な問題**」なのです。構造的な問題ということは、ドライバー不足は簡単には解消できないということを意味します。いま起きているドライバー不足は、今後も継続して加速していくとみるのが妥当です。言葉を換えれば、**運べない危機が年々深刻化する**ということです。

先ほどもいいましたが、ドライバー不足は「運べない」という事態を引き起こします。運べなければ、顧客に納品することができません。顧客に納品できなければ、売上は実現しません。つまり、運べない危機は決して大袈裟ではなく、間違いなく企業存続の危機を意味します。

ドライバー不足をさらに加速させる時間外労働時間規制

みなさんは、「2024年問題」という言葉をお聞きになったことがあると思います。2024年4月から働き方改革関連法の施行により、ドライバーの時間外労働の上限が960時間に規制されることに起因するさまざまな問題を総称した言葉です。

これまでドライバーの世界は、実質的に時間外労働の制限がなか

ったため、長時間労働が当たり前のようになっていました。その長時間労働に依存して運ばれてきた荷物が多くありました。ところが、時間外労働の時間規制により、これまで長時間労働に依存してきた荷物は運べなくなります。ドライバー不足のみならず、既存のドライバーの働ける時間が減少していくのです。ドライバー１人が１日で運ぶことができる量が減っていくわけです。

　この時間外労働の規制は、必然的に、トラック輸送業者の収入を減少させることにもなります。また、働いた時間や走った距離に応じて支払われるという賃金体系が多いため、結果としてドライバーの収入も減少することになります。それを嫌って、ドライバーを辞めてしまう人も出てきています。時間外労働時間の規制がドライバー不足に拍車をかけるという事態になっているわけです。

　荷主の立場に立つと、ドライバー不足は、需給関係が逆転するため、必然的に運賃の上昇をもたらします。また、労働時間が規制されると、トラックで長距離輸送を行なっていた場合、これまでのやり方では、それができなくなります。

　さらに、荷主に対しても、規制される労働時間内にドライバーの拘束時間を収めるために、荷主の積み降ろし現場で発生している荷待ちや荷役作業などに要している時間を大幅に短縮することが求められます。すでに、トラックが到着してからの荷降ろし以降の作業はすべて荷主側で行ない、トラックにはすぐに帰ってもらうという体制を整えた荷主もいます。

　このように、時間外労働の規制は、トラック輸送業者のみならず荷主にも大きな影響を与えることになるわけです。これらを総称して「2024年問題」と呼んでいます。

　簡単にいえば、2024年問題は「運べない危機」の加速を意味します。ドライバーの数が減っていくうえにドライバーの労働時間が制限されることにより、一層運べる量が減ってくるわけです。

　さて、そうなると、荷主や物流事業者には、ドライバー不足に対し抜本的な対策を講じることが求められます。顧客納品を持続させ

るために避けて通れない課題です。

ドライバー不足対策を考える

　ここでドライバー不足対策について見てみたいと思います。考えられるものを列挙すると、以下のような対策が考えられます。

①ドライバーの新規参入を増やすと同時にいまいるドライバーの離職を防ぐ対策が必要

　そのためには、賃金の上昇が不可避なことはいうまでもありません。必然的にその原資である運賃の上昇が避けられません。また、ドライバーの労働環境の改善も欠かせません。ドライバーが嫌う長時間待機や過酷な労働から解放することが必要になります。これが対策の根幹になります。

　この対策は、一見すると、トラック輸送業者の仕事のようにみえますが、運賃の値上げや荷主の積み降ろし現場での労働環境の改善が必要であり、荷主が主体的に担う対策です。

②1人のドライバーが運べる量を増やすこと

　1人のドライバーに、より多くの量を運んでもらうということも有効な対策です。輸送生産性の向上です。積載量が少ないとか帰りを空車で走るというムダな輸送をなくすことです。

　そのためには、複数の荷主が連携して共同配送をしたり、リードタイムを延長して積み合わせの機会をつくったり、1人のドライバーの回転数を増やすという取り組みが不可欠になります。回転数を増やすためには、荷待ちや荷役にかかる時間を大幅に短縮し、走行時間を増やすことが不可欠です。これもトラック輸送業者では限界があり、今後、荷主が主体的に担う対策です。

③トラックから他の輸送手段にシフトする

　これは、モーダルシフトと呼ばれますが、これまでトラックで運

んでいた中長距離輸送を鉄道や内航海運に移行させることでドライバー不足を補おうという取り組みです。これは、トラック輸送業者と荷主双方が取り組むべき対策です。

④トラックの無人走行・隊列走行化を進める

　これは、トラックで運ぶとしても、ドライバーなしで、あるいはより少ないドライバーでより多くの荷物を運ぶという取り組みです。これは、主体的にトラック輸送業者が担うことになります。

⑤本来必要のないムダな輸送を徹底排除する

　最後に、ドライバー不足対策として、荷主企業において実施可能なきわめて有効な取り組みを紹介します。

　現在、各社が行なっている輸送のなかには、たとえば、工場から物流拠点に見込みで運ばれているものが少なくありません。営業が欠品を恐れて多めの在庫を手配したり、工場側が在庫の置き場に困り、物流拠点に押し込むといったことが現実に起こっています。このようにして輸送されたもののなかには、出荷されずに物流拠点にそのまま在庫として残っているものが少なくありません。このような売上に結びつかない輸送を排除することは、ぜひとも荷主にやってもらいたい対策です。

　このように、ドライバー不足対策として取り組むべき内容は、荷主が担うべきものが多くあります。ところが、これらについては、率直にいえば、これまで荷主がまったく関心を示さなかった分野です。荷主は、トラック輸送業者に荷物を委託してしまえば、後は知らないというのがこれまでの常識でした。

　この常識においては、荷主が大きく関わることになるドライバー不足対策は、荷主の自主性に任せていたのでは取り組みが進まないことを意味します。

　そこで、このドライバー不足対策を実効性のある形で進めるため

に、国が動き始めたのです。このような運べない危機は、国民生活に影響を与え、経済成長を阻害する要因になりかねないからです。これまで、国は物流事業者に対して事業運営に関する規制はかけてきましたが、今般、国は**荷主に対して規制をかける**という思い切った措置を講じてきたのです。

　荷主の物流のあり方に国が規制をかけるなど、物流の歴史上初めてのことです。荷主は、その規制の内容を理解し、それに対応した行動を取ることが求められます。

　以下で、この国の動きについて少なくともこれだけは知っておいてほしいという内容について解説していきますが、これについては十分に承知しているという方は次の章に進んでください。

1-2 物流の持続性確保のための国の動き

「物流の革新に向けた政策パッケージ」の登場

　ここで、ドライバー不足による運べない危機に対処するための国の動きを整理したいと思います。国のねらいは**「物流の持続性確保」**にあります。物流の停滞により運べないという事態を回避し、経済や国民生活に影響を与えないよう国が動いたわけです。

　この国の動きは、結果として、荷主や物流事業者に対して法規制をかけるという形になります。荷主の物流に国が法規制をかけるなど異例の事態です。もちろん、物流の歴史上初めての出来事です。

　このことは裏を返せば、国が、荷主の自主性に任せていてはドライバー不足の解消は難しいと判断したということです。残念ですが、いまの荷主と物流事業者との関係性のなかでは、その判断は正しいと言わざるを得ません。

　国による規制は、荷主や物流事業者に大きな影響を与えるので、物流関係者としては十分に理解しておくことが必要です。まず、次ページの表を見てください。物流にかかわる一連の国の動きを一覧表示したものです。

　ドライバー不足を危惧した国の取り組みは、2015年の「今後の物流政策の基本的な方向性等について」という国土交通省の答申から始まりますが、法規制に向けた取り組みの第一歩は、2022年９月に設置された「持続可能な物流の実現に向けた検討会」であるといってよいでしょう。この検討会は「国民生活や経済活動に不可欠な物資が運べなくなる事態が起きかねない危機的な状況にある」との認識のもとに、国土交通省、農林水産省、経済産業省の三省で「物流を持続可能なものとしていくための方策」を検討するために、有識者、関係団体等を構成メンバーとして設置されたものです。

◎持続可能な物流の実現に係る国の動き◎

年　月	動　向	概　要
2015年12月	「今後の物流政策の基本的な方向性等について」	国土交通省答申。ドライバー不足に起因する「運べない危機」への対策として「物流生産性革命」を提示。荷主同士、発着荷主の連携、待機の解消を提言
2016年10月	物流総合効率化法改正	2社以上の者の連携による取り組みを支援対象に追加
2017年7月	総合物流施策大綱策定	2017年度～2020年度。企業間連携、透明化（物流業界における不透明な取引慣行の是正）、新技術の活用を軸に施策提言
11月	標準貨物自動車運送約款改正	積込み、取卸しに対する対価を「積込料」、「取卸料」として、荷待ちに対する対価を「待機時間料」として料金を規定
2018年4月	労働基準法改定	時間外労働の上限規制。一般則は年720時間で2019年から適用。自動車運転業務については年960時間で2024年まで適用猶予
12月	貨物自動車運送事業法改正	ドライバーの労働条件を改善するための所要の措置を講じた。荷主の配慮義務の新設、荷主勧告制度の強化、国土交通大臣による荷主への働きかけ等の規定の新設、標準的な運賃の告示制度の導入
2019年3月	「ホワイト物流」推進運動開始	ドライバー不足に対応し、物流の安定的な確保をめざし、各社に「自主行動宣言」として賛同表明を促した
2020年4月	「標準的な運賃」の告示	法令を遵守して持続的に事業を運営する際の参考となる運賃。トラック運送業における取引の適正化、労働条件の改善を促進するねらい
6月	総合物流施策大綱策定	2021年度～2025年度。「簡素で滑らか」「担い手にやさしい」「強くてしなやか」がキーワード
2022年3月	フィジカルインターネット・ロードマップ	2040年を目標とした物流のあるべき将来像としての「フィジカルインターネット」実現に向けたロードマップを公表
9月	「持続可能な物流の実現に向けた検討会」発足	2024年問題を踏まえ、発着荷主、物流事業者、一般消費者などが取り組むべき役割を再考し、物流を持続可能なものとするための施策を検討。検討結果が以降の政策に反映される
2023年3月	「我が国の物流の革新に関する関係閣僚会議」設置	わが国の物流を支える環境整備について政府一体となって総合的な検討を行なうことを目的に設置された
6月	「物流革新に向けた政策パッケージ」公表	第2回「関係閣僚会議」において政策の方向性が示される。商慣行の見直し、物流の効率化、荷主・消費者の行動変容が3本柱
6月	「物流の適正化・生産性向上に向けた荷主事業者・物流事業者の取組に関するガイドライン」提示	政策パッケージと合わせて提示。荷主、物流事業者が早急に取り組むべき事項、今後取り組みが推奨される事項などが提示されている。待機・作業時間の2時間以内ルールなど
2024年4月	働き方改革関連法適用開始	ドライバーの時間外労働960時間に上限規制、改善基準告示改正によりドライバーの拘束時間の規制強化
4月	国会において物流関連二法が可決、成立	物流関連二法とは、「物資の流通の効率化に関する法律」と「貨物自動車運送事業法」を指す
5月	物流関連二法公布	5月15日に公布。原則1年を超えない範囲内において政令で定める日から施行

この検討会は、2023年2月に中間報告を、8月に最終報告を提示しました。その内容については、この後で説明する国の施策に反映されるため、ここでの説明は省略しますが、この検討会の検討内容を踏まえて国が動き出したということです。

　注目すべきは、2023年3月に、わが国の物流を支える環境整備について政府一体となって総合的な検討を行なうために「我が国の物流の革新に関する関係閣僚会議」が設置されたことです。物流に関する閣僚会議が設けられたのは初めてのことです。

　この第1回の閣僚会議において、当時の岸田総理から6月上旬をメドに、緊急に取り組むべき抜本的・総合的な対策を「緊急パッケージ」として取りまとめるよう指示が出されました。そして、それを受けて、6月2日の第2回の閣僚会議の場において「物流革新に向けた政策パッケージ」が示されました。

　この政策パッケージでは、具体的な施策として、**①商慣行の見直し、②物流の効率化、③荷主・消費者の行動変容**という3本の柱が提示されています。これら3本の柱は、先ほど紹介した「持続可能な物流の実現に向けた検討会」での討議内容を踏まえたものとなっています。その具体的な施策の内容については次ページに示しておきます。

法的規制の登場

　この具体的な施策で注目したいのは、「**商慣行の見直し**」という項目です。いま物流は大きな変革を迫られていますが、その出発点となったのがこの項目だからです。商慣行の見直しとして、6つの具体的な取り組み内容が列挙されています。

　その最初に、「荷主・事業者間における物流負荷の軽減」が登場し、具体的には「荷待ち、荷役時間の削減等」という取り組みが提示されています。これは、ドライバーの労働時間の短縮と作業負荷の軽減をねらったもので、ドライバー確保のために不可欠な労働環境の改善に資するものです。なお、注目してほしいのは、ここに「**規制**

◎「物流革新に向けた政策パッケージ」のポイント◎

【具体的な施策】
（１）商慣行の見直し
①荷主・物流事業者間における物流負荷の軽減（荷待ち、荷役時間の削減等）に向けた規制的措置等の導入
②納品期限（３分の１ルール、短いリードタイム）、物流コスト込み取引価格等の見直し
③物流産業における多重下請構造の是正に向けた規制的措置等の導入
④荷主・元請の監視の強化、結果の公表、継続的なフォロー及びそのための体制強化（トラックＧメン）
⑤物流の担い手の賃金水準向上等に向けた適正運賃収受・価格転嫁円滑化等の取り組み
⑥トラックの「標準的な運賃」制度の拡充・徹底

（２）物流の効率化
①即効性のある設備投資の促進（バース予約システム、フォークリフト導入、自動化・機械化等）
②「物流ＧＸ」の推進（鉄道・内航海運の輸送力増強等によるモーダルシフト、車両・船舶・物流施設・港湾等の脱炭素化等）
③「物流ＤＸ」の推進（自動運転、ドローン物流、自動配送ロボット、港湾ＡＩターミナル、サイバーポート、フィジカルインターネット等）
④「物流標準化」の推進（パレットやコンテナの規格統一化等）
⑤道路・港湾等の物流拠点（中継輸送含む）に係る機能強化・土地利用最適化や物流ネットワークの形成支援
⑥高速道路のトラック速度規制（80km/h）の引上げ
⑦労働生産性向上に向けた利用しやすい高速道路料金の実現
⑧特殊車両通行制度に関する見直し・利便性向上
⑨ダブル連結トラックの導入促進
⑩貨物集配中の車両に係る駐車規制の見直し
⑪地域物流等における共同輸配送の促進
⑫軽トラック事業の適正運営や輸送の安全確保に向けた荷主・元請事業者等を通じた取組強化
⑬女性や若者等の多様な人材の活用・育成

（３）荷主・消費者の行動変容
①荷主の経営者層の意識改革・行動変容を促す規制的措置等の導入
②荷主・物流事業者の物流改善を評価・公表する仕組みの創設
③消費者の意識改革・行動変容を促す取り組み
④再配達削減に向けた取り組み（再配達率「半減」に向けた対策含む）
⑤物流に係る広報の推進

1章 ドライバー不足回避に向けて国が動いた

的措置等の導入」という言葉が明記されていることです。国がここに大きな関心を払っていることがわかります。

この「規制的措置等の導入」という言葉は、ここ以外にも、「商慣行の見直し」のなかの「物流産業における多重下請構造の是正」というところにも登場します。トラック業界の多重下請け構造が運賃をピンハネする構造になっており、実際に輸送を行なう実運送業者には荷主が支払った運賃から大幅に減額された運賃しか渡っていないとの認識から、それを是正するために多重下請け構造にメスを入れるという思いのあらわれです。

さらに、「規制的措置等の導入」は「荷主・消費者の行動変容」のなかにも出てきます。「荷主の経営者層の意識改革・行動変容を促す」ために規制的措置を導入するとあります。残念なことですが、現状、多くの荷主において、物流という活動が軽視される存在となっていることは否めません。

そこで、そのような風潮を改めさせるために、企業に対して**役員クラスの物流責任者を選定**するという規制的措置を導入するわけです。物流の責任者を役員クラスにすることで、各社の物流問題を経営課題として役員会で検討させることをねらいとしています。

これらについては、この後で改めてふれますので、ここではこれ以上の説明は省きますが、特に指摘しておきたいのは、これら物流負荷の軽減、物流産業における多重下請構造の是正、荷主企業の経営者層の意識改革・行動変容等に関して、2024年通常国会での法制化を含め枠組みを整備するとされている点です。物流の世界で、このような法制化がなされることは、文字通り、画期的なことといえます。

ところで、この閣僚会議では、「政策パッケージ」にもとづく施策の一環として、物流の適正化・生産性向上に向けて荷主・物流事業者が早急に取り組むべき事項をガイドラインとして策定・公表することとされました。これを受けて、同日、経済産業省・農林水産省・国土交通省により「物流の適正化・生産性向上に向けた荷主事

業者・物流事業者の取組に関するガイドライン」（以下「物流適正化ガイドライン」）というものが公表されました。そこで、この「物流適正化ガイドライン」について概要を見ていきたいと思います。

発着荷主における取り組み事項

　この「物流適正化ガイドライン」は、対象事業者別に「発荷主事業者・着荷主事業者に共通する取組事項」、「発荷主事業者としての取組事項」、「着荷主事業者としての取組事項」、「物流事業者の取組事項」の4つに分けて、それぞれの取り組み事項をあげています。

　そして、それぞれの取り組み事項の内容をさらに2つに分けています。「実施が必要な事項」と「実施することが推奨される事項」の2つです。つまり、早急に実施が必要な事項と今後取り組むことが推奨される事項の2つに分けているわけです。その内容は、次ページの図を見てください。

　ここでは、対象事業者別に「実施が必要な事項」について見ていきます。まず、「発荷主、着荷主に共通する取り組み」として10項目あげられていますが、重要と思われるものを6項目紹介します。

①荷待ち・荷役作業時間2時間以内ルール

　荷待ち・荷役作業時間の2時間以内ルールというのは、現状、荷待ち・荷役作業時間は約3時間かかっているとの調査結果をベースに、これを1時間短縮することをめざして1運行2時間以内で済むよう発着荷主それぞれが取り組んでくれというものです。荷待ちや荷役作業にかかわる時間を削減して、ドライバーの労働時間の短縮をねらいとしています。

②物流統括管理者の選定

　「物流統括管理者」という新たな役職が登場しています。これは、前述した規制的措置で選定が義務づけられる役員クラスの物流責任者に該当するものです。国が求める物流効率化について責任を負う

◎物流適正化ガイドラインの概要◎

物流の適正化・生産性向上に向けた荷主事業者・物流事業者の取組に関するガイドライン

1．発荷主事業者・着荷主事業者に共通する取組事項

（1）実施が必要な事項
- 荷待ち時間・荷役作業等に係る時間の把握
- 荷待ち・荷役作業等時間 2時間以内ルール/1時間以内努力目標
- 物流管理統括者の選定
- 物流の改善提案と協力
- 運送契約の書面化　等

（2）実施することが推奨される事項
- 予約受付システムの導入
- パレット等の活用
- 検品の効率化・検品水準の適正化
- 物流システムや資機材（パレット等）の標準化
- 共同輸配送の推進等による積載率の向上
- 荷役作業時の安全対策　等

2．発荷主事業者としての取組事項

（1）実施が必要な事項
- 出荷に合わせた生産・荷造り等
- 運送を考慮した出荷予定時刻の設定

（2）実施することが推奨される事項
- 出荷情報等の事前提供
- 物流コストの可視化
- 発送量の適正化　等

3．着荷主事業者としての取組事項

（1）実施が必要な事項
- 納品リードタイムの確保

（2）実施することが推奨される事項
- 発注の適正化
- 巡回集荷（ミルクラン方式）　等

4．物流事業者の取組事項

（1）実施が必要な事項

○共通事項
- 業務時間の把握・分析
- 長時間労働の抑制
- 運送契約の書面化　等

○個別事項（運送モード等に応じた事項）
- 荷待ち時間や荷役作業等の実態の把握
- トラック運送業における多重下請構造の是正
- 「標準的な運賃」の積極的な活用

（2）実施することが推奨される事項

○共通事項
- 物流システムや資機材（パレット等）の標準化
- 賃金水準向上

○個別事項（運送モード等に応じた事項）
- 倉庫内業務の効率化
- モーダルシフト、モーダルコンビネーションの促進
- 作業負荷軽減等による労働環境の改善　等

5．業界特性に応じた独自の取組

業界特性に応じて、代替となる取組や合意した事項を設定して実施する。

出所：国土交通省

役員クラスの担当者のことで、この選任を要請しているわけです。物流統括管理者は、物流効率化についての国と企業との窓口としての役割を担うといってよいでしょう。

③運送契約の書面化

運送契約の書面化は、書面またはメール等の電磁的方法を原則とするというものです。取引ですから当然のことですが、これまで、荷主と物流事業者との契約では口頭等のやり取りで済ませるケースも多々ありました。今後は、必ず書面化することが求められるということです。

④荷役作業等に係る対価

これまで、物流の現場では、積み降ろしや附帯作業をドライバーにやらせるということが常態化していました。本来は、運転以外の作業についてはドライバーの仕事ではなく、荷主の役割です。ですから、これをドライバーにやらせる場合は、荷役作業の料金を支払うこととし、その支払いについて発着荷主間で事前に取り決めておきなさいということです。当然、運送契約にない作業をドライバーがさせられた場合も、その対価を支払うことを求めています。

⑤運賃と料金の別建て契約

上記④と関係しますが、運送契約を締結するにあたっては、運送の対価である「運賃」と運送以外の役務等の対価である「料金」を別建てで契約することを原則としなさいということです。

⑥下請取引の適正化

これは、多重下請け構造が適正な運賃・料金の収受を妨げる一因となっているとの認識から、多重下請けによる運送が発生しないよう留意することを荷主に求めています。

以上が、発荷主、着荷主に対して早急に取り組むことが求められる事項のうちの主なものです。

物流事業者における取り組み事項

　次に、ガイドライン4の「物流事業者の取組事項」のうち早急に実施すべき項目についてみてみましょう。

　ここで物流事業者とは荷主と運送契約を結ぶ元請け事業者を指すとみてよいでしょう。求められている取り組み事項について主なものをあげれば、以下の6つの項目が取り上げられています。

①業務時間の把握・分析

　まず、物流事業者に求めているのは、運送時間、庫内作業時間、入出庫に係る荷待ち時間および荷役作業等（積込み、荷卸し・附帯業務）にかかる時間を把握して、問題・課題などを明らかにしなさいということです。おそらく、物流事業者においては、このような時間の把握はこれまで行なってこなかったと思います。これを把握することが今後必要になります。

②長時間労働の抑制

　荷主から運送の委託を受けた時点で、元請け事業者は、その委託内容が労働基準法を遵守できる範囲のものかどうかを確認することが求められます。もし、遵守できないと思われる依頼であった場合は、その是正について荷主と協議することが必要となります。当然ですが、当該業務を自社で行なわず、下請け事業者に委託する場合においても、当該下請け事業者が労働基準法令等を遵守できるかどうかの確認をすることが求められます。

③コスト上昇分や荷役作業等に係る対価の運賃・料金への反映

　労務費、燃料費等のコスト上昇分や運送契約に含まれない荷役作業等への対価、高速道路料金等の実費については、実運送事業者が

収受すべきものとし、荷主に対して必要コストの負担について申し入れることを求めています。また、下請けに委託した場合でも、実運送業者に必要な対価が適切に支払われているかどうかの確認も求められています。

④荷待ち・荷役作業時間等の実態の把握

　これは、実運送事業者に求められていることですが、荷主都合による荷待ち時間が30分以上あった場合や荷役作業を行なった場合は、乗務記録に記載し、最低1年間は保存することとされています。これらは料金請求の根拠になります。

⑤トラック運送業における多重下請け構造の是正

　多重下請け構造の是正について、元請け事業者は、実運送事業者の名称や運送内容等を整理したリストを作成し、実運送事業者が何次下請けに該当するかを含め下請け構造の把握に努めることとされています。そのため、下請け事業者がさらに他の事業者に再委託した場合は、当該事業者に元請け事業者に報告するための下請け事業者の名称や何次下請けにあたるのかを含めた情報提供をすることが求められています。

⑥「標準的な運賃」の積極的な活用

　「標準的な運賃」の積極的な活用があげられています。トラック運送事業者は、「標準的な運賃」の考え方を活用し、自社運賃を算出して、荷主と交渉するよう推奨しています。

　ここで「標準的な運賃」について簡単に説明しておきましょう。「標準的な運賃」は、ドライバーの労働条件の改善等を図るため、2018年の貨物自動車運送事業法の改正により、標準的な運賃の告示制度が導入され、参考にすべき運賃として導入されたものです。ドライバーの労働条件を改善し、トラック運送事業者が法令を遵守して持続的に事業を行なっていくために必要な水準の運賃として位置

づけられています。もちろん、この運賃は法的強制力を伴うものではありませんが、今後、運賃の目安の1つとして存在感を増していくものと思われます。

なお、この「標準的な運賃」(2024年3月22日に告示)においては、車種別運賃額だけでなく、荷待ちや荷役料金、高速道路を使用させない場合の割増料金等についても詳細にその額が明記されています。

以上が、元請けとしての物流事業者が早急に取り組むべき内容として示されているものです。

発荷主、着荷主、物流事業者にとって、ここで示された取り組み内容はこれまでの常識を否定するといってよいものだと思われます。ただし、ここに示された項目は、この後登場する法律のなかで実施が義務づけられるものが少なくありません。法的規制とともに新しい常識が形づくられていくといってよいでしょう。

さて、それでは、政府の取り組みの本命である物流関連の新しい法律について次項でみていきたいと思います。

1-3 新たに物流関連二法が制定された

物流関連二法とは

　2024年4月26日に国会において物流関連二法が可決、成立し、5月15日に公布されました。物流関連二法とは、**「物資の流通の効率化に関する法律」**と**「貨物自動車運送事業法」**を指します。

　ちなみに、ここで「物流関連二法」という言い方をしているのは、1990年12月に規制緩和の一環で制定された「貨物自動車運送事業法」と「貨物自動車取扱事業法」という2つの法律を「物流二法」と呼んできたため、それと区別するための呼称です。

　さて、物流関連二法のうち「物資の流通の効率化に関する法律」（以下「改正物効法」と略称）は、かつて「流通業務の総合化及び効率化の促進に関する法律」と呼ばれていた法律を改定し、改称したものです。荷主や物流事業者に対し、物流効率化に関する取り組みをまとめたものといえます。

　また、「貨物自動車運送事業法」は、トラック運送事業者の事業遂行における取り組みを定めた内容になっています。以下、これらの法律について改正ポイントを説明していきます（次ページの図を参照）。

　まず、改正物効法ですが、新たに「基本理念」なるものが新設されました。以下のような内容です。

　「物流効率化のための取り組みは、将来にわたって必要な物資が必要なときに確実に運送されること、物資の生産者、物流の担い手等の関係者が連携を図ることにより取り組みの効果を一層高めること、脱炭素社会の実現に寄与することを基本理念とする」

　この改正物効法で注目すべきは、「貨物自動車運送事業者に係る措置（同法第三章第二節）」と「荷主に係る措置（同第三節）」の2

◎物流関連二法のポイント◎

● 流通業務の総合化及び効率化の促進に関する法律及び貨物自動車運送事業法の一部を改正する法律案

背景・必要性

○物流は国民生活・経済を支える社会インフラ。物流産業を魅力ある職場とするため、働き方改革に関する法律が本年4月から適用される一方、物流の停滞が懸念される「**2024年問題**」に直面。
- 何も対策を講じなければ輸送力不足の可能性（右図）
- 荷主企業、物流事業者（運送・倉庫等）、一般消費者が協力して我が国の物流を支えるための環境整備に向けて、商慣行の見直し、物流の効率化、荷主・消費者の行動変容について、抜本的・総合的な対策が必要。

○軽トラック運送業において、死亡・重傷事故件数は最近6年で倍増。
→以下の施策を講じることにより、**物流の持続的成長**を図ることが必要。

現状／2024年 14%／2030年 34%

法案の概要

1．荷主・物流事業者に対する規制的措置　【流通業務総合効率化法】

○①**荷主**[*1]（発荷主・着荷主）、②**物流事業者**（トラック、鉄道、港湾運送、航空運送、倉庫）に対し、物流効率化のために**取り組むべき措置**について努力義務を課し、当該措置について国が**判断基準**を策定。

[*1] 元請トラック事業者、利用運送事業者には荷主に協力する努力義務を課す。また、フランチャイズチェーンの本部にも荷主に準ずる義務を課す。

○上記①②の者の取組状況について、国が当該判断基準に基づき**指導・助言**、調査・公表を実施。

○一定規模以上の事業者を特定事業者として指定し、**中長期計画の作成**や**定期報告**等を義務付け、中長期計画に基づく取組の実施状況が不十分な場合、**勧告・命令**を実施。

○特定事業者のうち荷主には**物流統括管理者の選任**を義務付け。

※法律の名称を変更。

※鉄道建設・運輸機構の業務に、認定「物流総合効率化事業」の実施に必要な資金の出資を追加。〈予算〉

【荷主等が取り組むべき措置の例】
＜パレットの導入＞

バラ積み・バラ降ろしによる非効率な荷役作業 → パレットの利用による荷役時間の短縮

2．トラック事業者の取引に対する規制的措置　【貨物自動車運送事業法】

○**元請事業者**に対し、実運送事業者の名称等を記載した**実運送体制管理簿の作成**を義務付け。

○**運送契約の締結**等に際して、提供する役務の内容やその対価（附帯業務料、燃料サーチャージ等を含む。）等について記載した**書面による交付等**を義務付け[*2]。

○他の事業者の**運送の利用（＝下請けに出す行為）の適正化**について努力義務[*3]を課すとともに、一定規模以上の事業者に対し、当該適正化に関する**管理規程の作成**、**責任者の選任**を義務付け。

[*2,3] 下請関係に入る利用運送事業者にも適用。

3．軽トラック事業者に対する規制的措置　【貨物自動車運送事業法】

○軽トラック事業者に対し、①必要な法令等の知識を担保するための**管理者選任**と**講習受講**、②国交大臣への**事故報告**を義務付け。

○国交省HPにおける公表対象に、軽トラック事業者に係る事故報告・安全確保命令に関する情報等を追加。

【目標・効果】　物流の持続的成長
【KPI】　施行後3年で（2019年度比）
　　　　○荷待ち・荷役時間の削減　　　　　年間125時間/人削減
　　　　○積載率向上による輸送能力の増加　16パーセント増加

出所：国土交通省（法案段階のもの）

つです。以下、これらについてポイントをみていきましょう。

貨物自動車運送事業者に係る措置

　改正物効法では、貨物自動車運送事業者に係る措置として、すべての事業者に対して「努力義務」が規定されています（同法第34条）。その内容は、ドライバー1人当たり貨物量を増やすために輸送網の集約や配送の共同化に努めなければならないということです。つまり、物流効率化に向けた努力を促しています。

　具体的にどのような取り組みが求められるかについては、その取り組みの妥当性、実効性等を判断する基準として、国土交通省令として、以下のような基準が示されています。

①複数の荷主の貨物を積み合わせることにより輸送網を集約すること
②荷主、連鎖化事業者、他のトラック事業者と必要に応じて協議を実施し、配送の共同化に取り組むこと
③求貨求車システム等を活用した帰り荷（復荷）の確保により、実車率の向上を図ること
④配車システムの導入等により、配車・運行計画の最適化を行なうこと
⑤輸送量に応じた大型車両の導入等により、運送ごとの貨物の総量を増加させること

　これらは、すべてドライバー1人当たり貨物量を増やすために取り組むべき事項を示したものといえます。これらは、努力義務ですから、違反しても罰則は科されませんが、国土交通省としては、この判断基準にもとづき、必要な指導や助言をすることになっていますので、何もしないわけにはいきません。

　ただし、150台以上のトラックを保有する貨物自動車運送事業者に対しては「**特定事業者**」と位置づけて、上記の取り組みを義務化しています（第35条1項）。先ほどの努力義務に関する取り組みについて「**中長期計画**」を作成し、国土交通大臣に提出するとともに、

実施の状況について毎年度報告することが義務づけられています。

これは義務ですから、その取り組みが不十分な場合には、勧告、公表、命令などの行政指導がなされ、それでも命令に従わなかった場合は100万円以下の罰金が科されることになります。

改正物効法においては、貨物自動車運送事業者に対して、このような形での物流効率化への取り組みを求めています。

なお、貨物自動車運送事業者に関しては、この法律以外に「貨物自動車運送事業法」においても新たな規定が定められていますが、これについては後述します。

荷主に係る措置

次に、荷主に対する規定についてみてみましょう。なお、荷主については改正物効法において、第一種荷主（発荷主）と第二種荷主（着荷主）に区分されています。これまでは、荷主といえば、発荷主を指すことが多かったのですが、物流効率化は発荷主だけでは不十分で着荷主も巻き込む必要があるとの判断から、着荷主も規制の対象になった点に特徴があります。

まず、すべての荷主を対象にした「努力義務」ですが、荷主に対しては、ドライバーの「荷待ち時間の短縮」と「荷役時間の短縮」、さらに「ドライバー1人当たりの1回ごとの貨物重量の増加を図ること」という3項目の取り組みを求めています。

これは、ドライバー不足解消の一環としてのドライバーの労働環境の改善と、限りあるドライバーの生産性向上をねらったものです。

荷主は、貨物の受け渡しの日時、場所等を指示する立場にあり、ドライバーの荷待ち時間等の短縮および積載率の向上に大きな影響を与えます。現状をみると、ドライバーに対し、運転以外の荷役作業や荷造り・仕分け・ラベル貼り等の附帯業務を無償で行なわせたり、短いリードタイムでの運送を強いたりする等の行為が当たり前のように行なわれています。

そこで、改正物効法では、発荷主に対し、荷待ちや荷役時間短縮、

積載率の向上のため、以下の措置を講ずるよう努めなければならないとしています（第42条）。法律ですので、ちょっと読みづらいかもしれませんが、原文のまま転載します。
①貨物の運送の委託の時から貨物を引き渡し、又は受け取るべき時までの間に、貨物自動車運送事業者等が他の貨物との積合わせその他の措置により、その雇用する運転者１人当たりの１回の運送ごとの貨物の重量を増加させることができるよう、貨物の受渡しを行う日及び時刻又は時間帯を決定すること
②貨物の受渡しを行う日及び時刻又は時間帯を決定するに当たっては、停留場所の数その他の条件により定まる荷役をすることができる車両台数を上回り一時に多数の貨物自動車が集貨又は配達を行うべき場所に到着しないようにすること
③運転者に荷役等を行わせる場合にあっては、パレットその他の荷役の効率化に資する輸送用器具を運転者が利用できるようにする措置その他の運転者の荷役等を省力化する措置

また、着荷主に対しても、以下のような措置を講ずるよう努めなければならないとしています。
①貨物の受渡しを行う日及び時刻又は時間帯を運転者に指示するに当たっては、停留場所の数その他の条件により定まる荷役をすることができる車両台数を上回り一時に多数の貨物自動車が集貨又は配達を行うべき場所に到着しないようにすること
②第１種荷主が第一項第一号（著者注：上記①）に掲げる措置を円滑に実施するため貨物の受渡しを行う日及び時刻又は時間帯について協議したい旨を申し出た場合にあっては、これに応じて、必要な協力をすること
③運転者に荷役等を行わせる場合であり、かつ、運転者に荷役等の方法を指示することができる場合にあっては、貨物の品質又は数量がこれらについて定める契約の内容に適合するかどうかの検査の効率的な実施その他の運転者の荷役等を省力化する措置

以上が、改正物効法において荷主に対して講ずべきとしている措置です。これらに関しては具体的な方策について判断基準として省令で定められています。判断基準としては以下の３つの項目が示されています。

（１）積載率の向上に関する事項
①トラック事業者が複数荷主の貨物の積合せ、共同配送、帰り荷の確保に積極的に取り組めるよう、適正なリードタイムの確保や荷主間の連携に取り組むこと
②トラック事業者の運行効率向上のため、年単位・月単位・週単位等の繁閑差の平準化や納品日の集約等を通じた発送量・納入量の適正化や、配車システムの導入等を通じた配車・運行計画の最適化に取り組むこと。なお、繁閑差の平準化が容易ではない場合は、納入単位や回数の集約に取り組むこと
③適切なリードタイムの確保や発送量・納入量の適正化ができるよう社内の関係部門（物流・調達・販売）の連携を促進すること

（２）荷待ち時間の短縮に関する事項
①トラックが一時に集中して到着することがないよう、貨物の出荷・納品日時を分散させること
②寄託先の倉庫に対する受発注の前倒しを行なう等により倉庫業者の適切な作業時間を確保するとともに、貨物の出荷・納品日時を分散させること

（３）荷役等時間の短縮に関する事項
①パレット・カゴ車等の輸送用機器の導入により荷役の効率化を図ること
②バーコード等の商品を識別するタグの導入、検品・返品水準の合理化、管理単位の統一化等による検品の効率化を図ること。また、食品の物流においては、賞味期限の年月表示化に取り組むこと
③事前出荷情報の活用による伝票レス化・検品レス化を図ること
④バース等の荷捌き場について、貨物の物量に応じて適正に確保し、荷役作業が行なえる環境を整えること

⑤フォークリフトや荷役作業員の適切な配置等により、トラックドライバーの負担軽減と積み降し作業の効率化を図ること
⑥貨物の出荷を行なう際には、出荷荷積み時の順序や荷役を想定した生産・荷造り等を行なうことにより、荷役等の効率化を図ること

　以上が、荷主が行なうことを期待されている取り組み内容です。積載率を向上させるためにリードタイムの延長や多頻度小口の受発注をやめて貨物の大口化を図ること、荷待ち時間を短縮するためにトラックを一時に集中させないようにすること、荷役作業の時間短縮のためにパレットの活用や検品レス化を図ること、荷捌き場のスペース、作業者の配置を適切に行なうことなどが示されているわけです。

特定荷主に関する指定基準

　前述の貨物自動車運送事業者についてもそうでしたが、荷主に対しても、特に貨物取扱量が大きい発荷主、着荷主を「特定荷主」として位置づけています。特定荷主は、年間の取扱貨物の重量が9万トン以上の荷主で、国内の上位3,200社程度が該当します。

　ただ、9万トンといっても、1事業者全体の重量ではなく、第1種荷主、第2種荷主それぞれの立場での重量を指します。いうまでもありませんが、メーカーでも卸売業でも発荷主、着荷主それぞれの顔をもっています。たとえば卸売業者は、商品を仕入れ、小売りに出荷しています。商品を仕入れる立場は第2種荷主ですが、出荷する立場は第1種荷主です。この立場それぞれで9万トンを超える重量があれば特定荷主になります。ですから、1事業者で第1種荷主としての特定荷主、第2種荷主としての特定荷主となることも当然あります。

　この特定荷主には、前述の努力義務にあった「ドライバーの荷待ちや荷役時間の短縮、ドライバー1人1回当たりの輸送重量の増加」

という措置に関する「中長期計画」を作成し、所管大臣に届けることが義務づけられます。この計画は5年計画であり、その提出は毎年度が原則ですが、特に内容に変更がない場合は、5年に一度提出すればよいことになっています。

この中長期計画の進捗状況については、定期的な報告が義務づけられており、毎年度提出することとなっています。そして、その取り組みが不十分と判断された場合は、勧告、公表、命令などの行政指導が行なわれ、それでも命令に従わなかった場合は100万円以下の罰金が科されることになります。

また、特定荷主には、物流効率化を担う「物流統括管理者」の選任も義務づけられています（第47条）。荷主企業に対し、このような特定の役職まで義務づけるのは異例のことといえますが、ドライバー不足による運べない危機回避のために国が強い姿勢を示している表われです。

物流統括管理者に対しては、以下の業務を統括管理することが求められています。

①中長期計画の作成
②自らの事業に係る貨物の運送を行なう運転者への負荷を低減し（著者注：荷待ち時間、荷役時間の短縮）、および輸送される物資の貨物自動車への過度の集中を是正するための事業（著者注：モーダルシフト）の運営方針の作成および事業の管理体制の整備に関する事業
③その他運転者の運送および荷役等の効率化のために必要な業務として主務省令で定める業務

これらの役割を遂行するために、物流統括管理者は、特定荷主が行なう事業運営上の重要な決定に参画する管理的な地位にある者を充てなければならないとして、役員クラスの者を選任することが求められ、物流統括管理者を選任した場合は、その氏名および役職を荷主事業者の所管大臣に届けることが義務づけられています。

改正物効法は、荷主に対して、このような形で物流効率化への対応を求めているわけです。改正物効法における荷主や物流事業者に対する規制を国土交通省の広報資料では、以下のようにまとめています。

①荷主・物流事業者に対し、物流効率化のために取り組むべき措置について努力義務を課し、当該措置について国が判断基準を策定
②上記取り組み状況について、国が判断基準にもとづき指導・助言、調査・公表を実施
③上記事業者のうち、一定規模以上のものを特定事業者として指定し、中長期計画の作成や定期報告等を義務づけ、中長期計画にもとづく取り組みの実施状況が不十分の場合、勧告・命令を実施
④さらに、特定事業者のうち荷主には物流統括管理者の選任を義務づけ

貨物自動車運送事業法の改定ポイント

　最後に、物流事業者に対する規制が盛り込まれた「貨物自動車運送事業法」についてみてみます。この法律で注目すべきは第24条の「他の一般貨物自動車運送事業者の行う貨物の運送を利用する場合の措置」です。いわゆる多重下請け構造の改善をめざした利用運送のあり方にメスを入れたものといえます。

　まず登場するのが「**健全化措置**」です。トラック運送業界では、委託を受けた運送事業者が自社では運ばず、他の運送事業者に運送を委託する「傭車」と呼ばれるケースが多く発生しています。この傭車が何段階にもわたることがあるため、「多重下請け構造」と呼ばれているわけです。国は、このような構造を問題視し、その改善に取り組もうとしています。

　さて、健全化措置ですが、これは、傭車をする場合、次に掲げる措置を講じなければならないとしています。

①利用する運送に要する費用の概算額を把握したうえで、当該概算額を勘案して利用の申し込みをすること

②荷主から収受する運賃がその概算額より低い場合、荷主に交渉を申し入れること
③傭車先の事業者がさらに他の事業者に委託する場合、2以上にわたる委託には制限を付けること

　利用運送においては、このようなことを遵守すべしというのが健全化措置です。傭車先には適正な運賃を支払いなさい、2次下請以上の委託はやめなさいという点がポイントになります。ちなみに、2次というのは、元請けが傭車する先が1次下請、そこがさらに委託する先が2次下請なので、傭車はここまでにすべしということです。

　当然のことですが、利用運送を行なう場合は、委託する運送の内容と対価、運送以外の役務がある場合はその役務の内容と対価を記載した書面の交付が求められます。

　また、利用運送の規模が国土交通省令で定める一定規模以上の事業者に対しては「運送利用管理規程」（健全化措置の実施に関する規程）を定めて、国土交通大臣に届け出なければなりません。運送利用管理規程には、健全化措置に関する方針、内容、管理体制等を定める必要があります。

　同時に、健全化措置に責任を負う「運送利用管理者」を選任し、届け出ることが求められています。この運送利用管理者は、荷主に「物流統括管理者」がいる場合は、物流統括管理者と連携して職務の遂行を行なうこととされています。

実運送体制管理簿の作成

　荷主から貨物の輸送を引き受けた貨物運送事業者（元請け）は、以下の事項を記入した「実運送体制管理簿」の作成が義務づけられます。
①実運送を行なう事業者の名称
②実運送を行なう貨物の内容および区間
③実運送事業者の請負階層

荷主から委託された貨物の運送ごとに上記の項目を記した「実運送体制管理簿」は、その貨物の運送が完了した日から1年間、営業所に置いておくことが求められます。また、荷主は、いつでもその閲覧が可能になります。
　ところで、上記の③に「請負階層」という言葉があります。これは実運送事業者が何次下請にあたるかを見るものです。
　元請事業者が、実運送体制管理簿を作成するには、最終的に実運送事業者の情報が元請事業者に伝達される必要があります。その方法は以下のとおりです。
①**元請事業者は、下請事業者に対し、元請事業者の連絡先や真荷主の名称等を「元請連絡事項」として通知する**
②**下請事業者がさらに運送を下請に出した場合、再下請事業者に対し、元請連絡事項と当該再下請事業者が何次下請に該当するか等を通知する**
③**実運送事業者は、元請事業者に対し、実運送体制管理簿への記載に必要な情報（実運送事業者の名称、実運送を行なう貨物の内容および区間、実運送事業者の請負階層等）を通知する**
　元請事業者が、実運送事業者が誰で何次下請けなのかを知るために、このような連絡体制の構築が求められているのです。

　以上が、貨物自動車運送事業法における改正ポイントです。これについて、国土交通省の広報資料では以下のようにまとめています。
①**元請事業者に対し、実運送事業者の名称等を記載した実運送体制管理簿の作成を義務づけ**
②**荷主・トラック事業者・利用運送事業者に対し、運送契約の締結等に際して、提供する役務の内容やその対価（附帯業務料、燃料サーチャージ等を含む）等について記載した書面による交付等を義務づけ**
③**トラック事業者・利用運送事業者に対し、他の事業者の運送の利用（＝下請けに出す行為）の適正化について努力義務を課すとと**

もに、一定規模以上の事業者に対し、当該適正化に関する管理規定の作成、責任者の選任の義務づけ

 以上が、改正物効法および改正貨物自動車運送事業法について知っておいていただきたい内容です。改めていうまでもなく、これまでの物流の世界の常識を大きく変革させる内容になっています。荷主および物流事業者の担当者は、このような法規制のなかで業務遂行を行なっていく必要があるのです。
 ところで、このような法規制を前に、すでに、多くの事業者がこれまでにない新たな取り組みを実施に移しています。次の章で、これら先進的な取り組みについて紹介したいと思います。

2章 物流の持続性確保に向けた荷主の取り組み

1 「届けられない危機」回避に向けて荷主が動いた …44
2 事例にみる「連携」の広がり ……………………… 55
3 広がりを見せる業界一体となった連携の取り組み …65

執筆◎湯浅 和夫

2-1 「届けられない危機」回避に向けて荷主が動いた

タブーとされていた企業間連携が活発に動き始めた

いうまでもありませんが、企業は顧客に商品を売って売上を得ています。ただし、売っただけでは売上は実現しません。その商品を顧客の手元に届けて初めて売上は実現します。つまり、**物流は売上実現という役割を担っている**のです。

かつては、顧客に届けることなど当たり前のことで、各社それぞれがトラックを手配して届けてきましたが、トラックの手配がこれまでのようにいかないという事態を実感するなかで、運べない危機回避のための新たな動きが活発になってきました。

それが「**企業間連携**」といわれるものです。連携の形態は主に2つに区分できます。

1つは「**横の連携**」で、同業他社や異業種他社との共同化です。これは、共同輸配送や共同保管という形を取ります。

もう1つが「**縦の連携**」で、メーカーと卸、卸と小売というように取引のある企業間の連携です。主に物流に関わる納品条件や注文のしかたなどで是正を図るという形を取ります。この縦の連携の究極の姿は、メーカー、卸、小売という三者の連携で、「**製配販連携**」といわれます。

これまで、このような他社との連携は、横の連携においては市場でライバル関係にあること、また縦の連携では利害が異なることなどの理由で、あまり積極的には行なわれてきませんでした。

過去の物流共同化の問題点

昔話ですが、ライバル企業同士の物流共同化について忘れられない話があります。当事者から聞いた話です。

ある家電メーカーの物流担当者がライバルメーカーの担当者と協議して、輸送費削減のため、1台のトラックをお互いに往路と復路で活用しようということになり、A社の関東の工場を出発したトラックが関西のA社の拠点で荷を降ろし、復路の荷物を積むために、関西にあるライバルメーカーB社の工場に入ろうとしました。そこで事件が起きました。

　昔は、荷主専属のトラックには、荷主の社名を入れることが当たり前のように行なわれていて、A社のトラックにもA社の社名が入っていました。そのトラックがB社の構内に入ろうとしたときに、守衛さんに入構を拒否されました。ライバルメーカーの社名の入ったトラックを構内に入れることなどできないといわれ、ドライバーと押し問答になりました。

　守衛さんから呼ばれたB社工場の出荷担当者が慌てて本社の物流部に連絡し、物流部の担当者が工場の偉い人に電話をして事情を説明しました。

　輸送費削減のためにA社の帰り便を回したと説明したところ、「運賃ごときで、ライバルに負けない製品をつくろうと頑張っている工場の人間やライバルに負けまいと市場で競争している営業の連中のプライドを傷つけるつもりか。バカなことを考えるな」と一喝され、結局、トラックはそのまま入構できず、引き返すことになったのです。

　もちろん、トラックに社名が入っていなければ、何事もなくトラックは入構できたかもしれません。トラックに社名が入るということはその後なくなります。トラックが事故を起こした場合、社名が入っていると、会社のイメージを傷つけかねないという理由です。

　それはそうと、この話はライバル会社と何かを一緒にやるということに対する社内の拒否反応の強さを示しています。わからないようにやればいいのですが、大っぴらにやると強い拒否反応が出ます。このような拒否反応は、その後も、どの企業においても続いてきました。

物流共同化への取り組み

　ところが、このような状況のなかで、それまでの常識を覆すような取り組みが公表されました。
　市場で激しく競争をしているアサヒビールとキリンビールが、都区内の小口配送について、配送拠点を相互活用し、配送距離の短縮・積載率の向上・車両回転率の向上を実現することで環境負荷の軽減をめざす、と両社での配送共同化を宣言したのです。2011年のことです。そのときのプレスリリースでは、次のようにいっています。
　「アサヒビールとキリンビールは、市場では競合として公正な競争を展開する一方で、世界的に関心が集まっている環境問題に対して、環境にやさしく経済性の高い物流の共同展開を行なうなど、『競争と協調』の視点から既存の枠組みを超えた協力体制を構築することで、さらなる持続可能な社会への貢献をめざしていきます」

　ここで「競争」と「協調」という言葉が出てきていますが、ここがポイントです。商品や営業活動などでは競争するが、「**物流では協調する**」という姿勢が社内方針として打ち出され、製造や営業など社内他部門も受け入れざるを得ない状況をつくったのです。
　環境負荷軽減をねらいとして打ち出していますが、誰も反対できないこの問題をねらいとすることで、社内の同意を取りつけようとしたものと思われます。
　それにしても、市場で激しい販売競争を展開している両社の共同化は、これまでの「ライバル企業とは決して手を組まない」という常識を破壊し、物流関係者に大きなインパクトを与えたことはたしかです。
　その後のドライバー不足を受け、ビール業界では、ビール4社を巻き込んだ共同化などが展開されていきます。
　ドライバー不足は、おそらく社内的には、環境問題よりも実感を伴う切実な問題なので、わざわざ「物流は協調領域」などという言

葉など使わずとも、他社との連携についての社内同意は得やすいはずです。

一言付け加えておけば、企業間の物流においては、顧客の要求どおりに届けるのが当たり前で、物流サービスは横並びですから、もともと、物流には競争など存在しませんでした。ただ、社内の反発が強いので、他社との共同化には積極的に取り組めなかったというのが実態です。ドライバー不足による届けられない危機の前には、そのような反発は起こり得ません。

それはともかく、このようにドライバー不足を契機にさまざまな連携への取り組みが起こっています。

企業間連携のお手本のような取り組み

企業間連携という点で、お手本のような取り組みをしているのが加工食品業界です。横の連携はもちろん、縦の製配販連携まで実現しています。連携の実態を知るには格好の材料なので、この加工食品業界の動きを見てみたいと思います。

連携の最初の動きは、2015年に誕生した「**F-LINEプロジェクト**」です。F-LINEというのは、「Food Logistics Intelligent Network」の略称です。

これは、ライバル関係にある食品メーカー同士が集まって、一緒に物流環境の改善に取り組むことを目的としたプロジェクトです。参加企業は、味の素、ハウス食品、カゴメ、日清製粉ウェルナ、日清オイリオ、ミツカンの6社です。

このようなライバル企業が物流改革に取り組んだ背景には、ドライバー不足に対する加工食品業界特有の強い危機感があったことが背景にあります。

加工食品業界は、納品先での長時間待機が慢性化し、検品作業にも時間がかかり、また、ドライバーに強いる附帯作業も多いなどの理由で、ドライバーから嫌われる業界として知られていました。現実に、加工食品メーカーから撤退する物流業者も少なからず発生し

ていました。

　将来のドライバー不足が確実視されるなかで、このままでは、物流の持続性を維持できないという危機感から、各社のトップの合意のもと、持続可能な物流体制の構築を議論する場として「F-LINEプロジェクト」が発足したわけです。

　各社の物流担当者が一堂に会して、それぞれが持つインフラやノウハウを活かして新たな物流プラットフォームを構築することをねらいとして動き出しました。

　ここでのポイントは、各社の経営トップが**物流を業界の共通課題**ととらえ、積極的に後押ししている点にあります。プロジェクトの進捗状況や活動実態は、年1回開催される「社長会」にも報告され、共有されています。つまり、全社公認のプロジェクトというわけです。

📦 F-LINEプロジェクトの取り組み

　F-LINEプロジェクトには3つのワーキングチームが置かれました。中長距離幹線輸送の効率向上を図る「**幹線輸送ワーキングチーム**」、6社共同配送で配送効率の向上を図る「**共同配送ワーキングチーム**」、それと製造・配送・販売というそれぞれの過程で発生する各種課題や標準化の推進を担う「**製・配・販ワーキングチーム**」の3つです。

　関係者の方に聞いた話ですと、6社で協議するにあたって、まず行なったのが「用語辞典」をつくることだったそうです。同じように物流の一般的な用語を使っても、各社によってそれぞれ違った意味合いがあったりしたため、話しているなかで議論にズレが生じてしまったりしたそうです。それを防ぐために用語の統一から始めたということです。

　社内でも起こり得る問題ですが、異なる企業間における連携においては、この用語の統一は特に注意を払う必要があると思います。

　また、F-LINEプロジェクトでは、共同化のベースとなる「**標準**

化」についても積極的な取り組みを進めてきました。納品伝票、外装表示、パレット・外装サイズ、コード体系などの標準化について、F-LINEプロジェクト参加企業にとどまらず、業界団体や行政を巻き起こんだ取り組みを展開しています。

　この6社連携における大きな取り組みとしては、2016年に開始された北海道エリアでの6社による**共同配送**があげられます。それまで6社で合計4か所あった配送拠点を2か所に集約し、共同保管、共同配送するようにし、それまで6社で1日75台のトラックを使用していましたが、共同配送することで60台にまで減少させることができたそうです。

　この共同配送においては、各社の情報システムを連結し、物流情報を一元化するという取り組みを行ない、配送車両の手配など倉庫内業務の効率化も実現しました。

　その後、この6社共同配送は、九州でも実施に移されました。九州では、福岡に物流センターを新たに新設し、ここに6社の在庫を集約して、共同配送を行なうという体制が取られました。この新センター開設に合わせて、納品伝票の書式などを統一し、業務の効率化も実現しました。

　さて、このような取り組みを進めてきたF-LINEプロジェクトですが、実際の物流を担う主体として「F-LINE株式会社」という物流会社が2019年4月に発足します。それまで存在した味の素物流をはじめとする各社の物流子会社は、F-LINE株式会社に集約されました。この会社を中心に持続可能な食品物流の基盤構築をめざしていこうという考えです。

　ちなみに、F-LINE株式会社の発足とともに、F-LINEの最初の「F」がFoodからFutureに変わりました。未来志向を強調したようです。

　ちょっとまぎらわしいのですが、「F-LINE株式会社」は実際の物流を担う共同物流会社であり、「F-LINEプロジェクト」は参加6社

◎F-LINEプロジェクト第二期の取り組み◎

F－LINEプロジェクト第二期 スタート（2022年春～）

4つのチームで検討・実行開始、そして‥‥‥

Ⅰ. 前工程(中長距離輸送)：Aチーム
① 関東～関西間のブロックトレイン往復運行　（2022年5月～　味の素社、ハウス食品社）
② 幹線輸送複線化によるBCP対応強化策として海上トレーラーによる共同輸送
　・中部エリア→北海道エリア　日本海ルート　（2022年11月～　カゴメ社、日清製粉ウェルナ社）
　・中部エリア→東北エリア　　　　　　　　　　（2023年2月～　ハウス食品社、日清製粉ウェルナ社）
③ 関東～九州　レールライナー31ft往復　　　（2023年2月～　味の素社、ハウス食品社）
④ 関東～中部　中継リレー運行　　　　　　　　（2023年6月～　日清製粉ウェルナ社＆カゴメ社、ハウス食品社＆Mizkan社）
⑤ 関西～九州　海上輸送　　　　　　　　　　　（2024年3月～　6社で発地と曜日を固定。海運会社に対して交渉力を実現）
※今後は、F－LINEプロジェクト以外の荷主との連携に向け、拡大へ！

その他、輸送関連業務（荷積み荷下ろし業務）の標準化を開始（目的：無駄な時間を削減し輸送時間へ）

Ⅱ. 中心工程(配送、配送拠点)：Bチーム
① 中国エリア　　　（2022年7月～　味の素社、ハウス食品社の共同配送）
② 東北エリア　　　（2022年10月～　味の素社、日清製粉ウェルナ社、ハウス食品社の共同保管、共同配送）
③ 首都圏エリア小口配送　（2022年11月～　EVトラック導入）
④ 北海道エリア　　（2023年10月～　Fプロ全企業での共同保管、共同配送）
⑤ 中部エリア　　　（2023年10月～　小牧BCにて、カゴメ社、ハウス食品社の共同保管、共同配送）
⑥ 中四国エリア　　（2024年10月～　岡山BCにて、味の素社、ハウス食品社の共同保管、共同配送）

Ⅲ. 後工程(製・配・販物流整流化)：Cチーム
① 足元課題分科会＝長時間待機、附帯作業中止
　1）課題納品先約80か所に対して、個別対応開始、現在40か所ほど未改善対応中。
　2）サプライチェーン全体での解決スキーム（FSP）構築
　・日本加工食品卸協会（日食協）とSBM会議にて、「荷待ち・荷役作業削減に向けた加工食品業界の取組みに関するガイドライン」を作成した。
　・FSPで、『『物流適正化・生産性向上に向けた事業者の取組みに関するガイドライン』対応の『加工食品業界製配販行動指針』』（自主行動計画）を作成し提出した。

② 標準化分科会＝業界標準エコシステム構築
　1）電子納品書/受領書授受の業界標準（納品伝票エコシステム）構築
　2）ASN（事前出荷情報データ）活用による検品作業の簡素化
　3）システム乱立による業務負荷増の解決（例：バース予約システムなど）

Ⅳ. 全工程横断(標準化、効率化推進)：Dチーム
① 各種フォーマットの統一による作業効率化、作業標準化
② 物流改善の取り組みが反映する新しい料金体系（タリフ）の設計と実施
　「ひと山いくら」からの脱却→「F－LINEタリフ」

資料：味の素株式会社物流企画部長　森正子氏より提供

の物流担当者による食品物流のあるべき姿をめざした会議体として継続して活動を続けています。

F-LINEプロジェクトにおいては、当然ですが、2024年問題に向けた取り組みも積極的に行なっています。2022年春に立ち上がった「F-LINEプロジェクト第二期」における取り組み内容については左ページの図をご覧ください。A、B、C、Dという4つのチームで多彩な取り組みをしていることがわかります。

中長距離輸送分野では、多くの共同運行を実現していますし、配送分野でも、着々と共同保管、共同配送が行なわれています。

製配販連携をめざした精力的な展開が実施に移される

F-LINEプロジェクトにおいては、6社にとどまらず、サプライチェーンに展開した連携も進んでいます。次に、これについて見てみたいと思います。「連携」のお手本のような取り組みが展開されます。

F-LINEプロジェクトが、参加メンバー以外の会社に声をかけ、連携の範囲を広げ始めたのは、F-LINEプロジェクト発足の翌年2016年からです。

何をしたかというと、F-LINEプロジェクトメンバー以外の同業であるキユーピーとキッコーマンに声をかけ、8社により「ＳＢＭ（食品物流未来推進会議）」なるものを設置しました。製配販物流課題の解決に向けて、メーカーの代表として協議する場です。

ここでは、賞味期限年月表示化や外装表示標準化、リードタイム延長などについて協議がなされます。このうち「リードタイム延長」については、キユーピーが先陣を切って取り組んできたテーマです。

キユーピーでは、試行錯誤を重ねた結果、2018年の8月繁忙期に関東周辺の1都9県を対象に、常温品に限って翌々日納品に踏み切りました。キユーピー単独の取り組みです。そして、その暮れの繁忙期には全国に範囲を広げ、3温度帯商品に拡大して翌々日納品を実施しました。「3温度帯」とは、常温、冷蔵、冷凍の温度帯のこ

とです。

　このキユーピーの翌々日納品についてＳＢＭ会議に成果が報告され、味の素、キッコーマンなどが加わり、2020年には翌々日納品が通年化されていきます。ただし、すべての卸が賛同したわけではなく、卸間でも対応が分かれていました。

製配販連携が実現

　そのようなときに、加工食品卸の業界団体である日食協（日本加工食品卸協会）から声がかかり、メーカーと卸とが連携して協議する場ができあがります。2020年秋のことです。これで製配販連携のうち「製配」の連携ができました。

　いうまでもなく、卸はメーカーと小売の両方と取引をしています。物流の納品条件是正のためには、小売との商慣習是正も必要になります。そこで、次のステップとして、日食協が関係する小売団体に声をかけることになります。その結果、できあがったのが「ＦＳＰ（Food Supplychain Sustainability Project）」です。

　参加メンバーは、メーカーがＳＢＭ会議、卸が日食協、小売団体が日本スーパーマーケット協会、全国スーパーマーケット協会、オール日本スーパーマーケット協会です。これら製配販の三層で加工食品のサプライチェーンを持続可能にすべく協議する場ができあがりました。

　このＦＳＰ会議では、①店舗納品期限「２分の１残し」への統一化とそれを前提としたメーカー・卸間納品期限のルール化、②小売・卸間、卸・メーカー間の定番発注締めの時間調整、③特売・新商品の確定数量化を可能にする適正納品リードタイムの確保などが討議されます。

　製配販の三層連携はさらに前進します。このＦＳＰ会議の取り組み内容を、会議メンバーである全国スーパーマーケット協会事務局が加盟各社のトップ層と情報共有した結果、加盟中核４社であるサミット、マルエツ、ヤオコー、ライフコーポレーションが全面的に

賛同し、4社の社長が2023年3月に共同で「持続可能な食品物流構築に向けた取り組み宣言」を発表し、4社による「首都圏ＳＭ物流研究会」（ＳＭはスーパーマーケットの略）の立ち上げを報告しました。

物流改革という取り組みに小売が積極参入したのは、物流の歴史上初めてのことであり、記念すべき出来事といえます。

首都圏ＳＭ物流研究会の取り組み

この小売4社による首都圏ＳＭ物流研究会では、4つのテーマを掲げて取り組みを開始しました。

1つが、「**加工食品における定番商品の発注時間の見直し**」です。見直しというのは前倒しするということですが、前日に締めた注文を翌早朝には問屋に発注するという形になりました。

2つめは、「**特売品・新商品における発注・納品リードタイムの確保**」で、6営業日以上のリードタイムを確保するとともに、特売品の追加発注を抑制し、新商品については追加発注をしない方向性を打ち出しています。これにより緊急発注はなくなるといってよいでしょう。

3つめが、「**納品期限の緩和**」です。小売はこれまで商品の賞味期限の3分の2以上残っている商品しか納品を認めていませんでした。つまり、賞味期限の3分の1を超えた商品は小売に納品できないということで、これを「3分の1ルール」と呼んでいました。

これを「2分の1」まで緩和するということです。これにより賞味期限切れの食品ロスが減ることは間違いありません。

4つめは、「**流通ＢＭＳによる業務効率化**」です。「流通ＢＭＳ（Business Message Standards）」とは、流通業に携わる企業が統一的に利用できるＥＤＩ（電子データ交換）の1つですが、卸と小売間の受発注方式に、この標準化された流通ＢＭＳを導入することで、高速通信による作業時間確保、伝票レス・検品レスによる業務効率化を進めるということです。

サプライチェーンにおいて主導的な地位にある小売が、このように物流の持続性確保のために動き始めたことは画期的なことであり、加工食品業界における連携が、1つの到達点に達したということです。

　この首都圏ＳＭ物流研究会は、その後、西友、カスミ、いなげや、原信、ナルス、東急ストア、平和堂、エコス、たいらや、マスダ、与野フードセンター、イトーヨーカ堂がメンバーに加わり、2024年10月時点で16社となり、名称も「ＳＭ物流研究会」と改称しています。

　その活動も積極的で、「課題を可視化して物流研究会のメンバーで共有するとともに、メーカーや卸とも意見交換し、物流の全体最適をめざす」と宣言し、先の4つの目標に、さらに「**予約受付システムの導入と活用**」「**バラ積み納品の削減に向けた取り組み**」「**トップの合意**」の3項目が付け加えられています。

　その結果、現下の課題である「ドライバーの荷待ち・荷役作業時間」が2時間超過しているトラック台数割合が、2023年12月の13.8％をピークに減少し、2024年8月時点で3.8％まで下がるという効果を生んでいます。

　バース予約率の向上、バラ積みからパレット納品への移行を促進した効果といえます。今後は、チルドや生鮮センターでも効果を上げていきたいということです。

　加工食品業界のこの製配販連携は、今後とも注目していきたい取り組みです。

2-2

事例にみる「連携」の広がり

ユニークな連携が実現している

　それでは次に、いま展開されている連携事例について紹介していきたいと思います。

　これまで連携というと、いわゆる輸配送の共同化という取り組みが多く見られました。2－1項で紹介したF-LINEの6社共同配送はその典型的な例ですし、関東と関西にある企業同士が連携して1台のトラックを往復で使うという例もよく見られます。

　また、軽重混載といって、重量がある企業のトラックの上部にできる空間部分を比較的軽量の貨物を扱う会社の荷物を載せるといった連携もあります。

　ここでは、これら一般的な輸配送の共同化ではなく、少しユニークな、しかも時代のニーズに合った、これからの可能性を示唆する連携の取り組み事例を紹介したいと思います。

積替え作業を短縮したサプライチェーンにおける連携

　まず、積替え作業をなくすために取り組んだ事例を見てみましょう。

　ユニ・チャーム、PALTAC、薬王堂の3社による取り組みで、製配販連携における革新的な取り組みとして高く評価され、2020年度サプライチェーンイノベーション大賞経済産業大臣賞を受賞したものです。

　ご存じのように、積替えという作業は、この事例に限らず、多くの現場で日常的に発生しています。

　一般的にどういう状態かというと、メーカーの出荷にあたっては積載率重視のためバラで隙間なく手積みされたトラックが卸の倉庫

に着くと、そこで、卸専用のパレットへの積替えが要請されます。

　仮に、メーカーからパレット積みされた荷物でも、卸の倉庫では卸専用のパレットに積替えが行なわれます。そして、卸から小売への出荷にあたっては、また小売納品用のカゴ車などへの積替えが行なわれます。

　ユニ・チャーム、PALTAC、薬王堂の3社においても類似の積替えが発生していました。もちろん、それぞれの立場から最も望ましいと思われる作業のしかたをしていたわけですが、各社の納品、出荷時には積替えというムダな作業が行なわれ、ドライバーの大きな負担になっていました。

　この解決に3社が取り組みました。

　その答えは、最終的に薬王堂の店舗に納品される形態である「キャリー」と呼ばれる台車をベースに、メーカーの出荷から小売納品までを一貫してやろうという方式です。

　かつて、最も効率的な物流形態として「一貫パレチゼーション」という方式が提唱されたことがありました。メーカーでパレット化した荷姿を一切崩さずに小売センターまで届けるという方式で、80年代には実施に移されたことがあります。ただし、その後の、多頻度小口化の影響で徐々に姿を消していきました。

　それはともかく、ユニ・チャーム、PALTAC、薬王堂の3社においては、最も積替えを少なくするには、メーカー出荷段階でキャリーに載せるのがよいということになり、実現させたわけです。

　その結果、3社を通して1キャリーあたり積替えに、それまで450分かかっていたのが175分で済むという大幅な時間短縮を実現させたという事例です。

　改善前と改善後の時間短縮については、次ページの図を参照してください。

◎流通段階で何度も行なわれていた積替えをなくした例◎

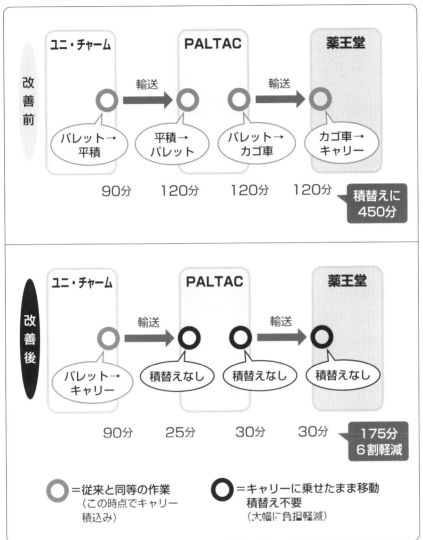

荷待ち・荷役時間を短縮したメーカー・卸の連携

次は、メーカーであるサンスターとその納品先である卸売業の「あらた」とが協力してドライバーの拘束時間を大幅に削減した事例で

す。

　この取り組みは、削減効果が非常に大きかったことから、当時の岸田総理に改善効果を報告するという機会を得たそうです。
　改善前の状況を紹介すると、出荷元であるサンスターの倉庫での積込みに60分、あらたの倉庫に到着してからの待機時間が240分、そこでの荷卸し時間が90分、検品が10分と、輸送以外の時間が1運行あたり400分に達しているという状況でした。
　発荷主であるサンスターが、ドライバーの拘束時間を実態調査し、短縮するために何をなすべきか検討したところから、解決方法が模索されることとなりました。
　「待機があるとか、予定の立たない荷主は今後お断わりさせていただく可能性が高い」とのトラック業者の声もあり、発荷主であるサンスターも着荷主であるあらたも、現状のままでは自分たちの荷物を運んでくれるトラック業者はいなくなってしまうという危機感を共有し、改善策を検討するなかで答えを見つけました。
　注目したのは、ドライバーが卸側で行なっている荷卸し作業でした。あらたの倉庫で、ドライバーが商品ごとに格納しやすいようにパレットに積み替え、格納場所を示すシールをそれぞれに貼るという作業が行なわれていたのです。
　この作業があるために、入庫トラックが長時間バースを占拠するという問題が発生し、長時間待機の原因にもなっていました。
　そこで、この時間を短縮することが双方のメリットにつながるという認識のもと、次のような変更を実施することにしました。

> ①あらたから格納場所を示す情報をサンスターに渡す
> ②サンスターで格納場所に合わせたピッキングを行なう
> ③格納場所を示すシールを貼ってパレットに載せ、納品する

　これまであらたに到着時にドライバーが行なっていた作業を、サンスター側でやってしまおうという考えです。

◎ドライバーの荷待ち・荷役時間を短縮した例◎

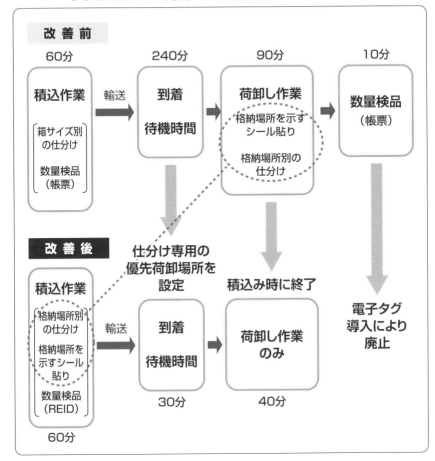

　こうすれば、あらたのバースに下ろした荷物はすぐに格納することができます。要するに、長時間待機の原因を探し、それを排除したという取り組みです。メーカーと卸が連携して初めて可能になることです。
　この取り組みの結果、それまで400分もあったドライバーの待機・作業時間が130分に短縮されました。大きな効果であることはいうまでもありません。

データドリブンな共同配送への取り組み

　2024年8月、日本製紙、キリンビバレッジ、スギ薬局、アスクル、YKK APという異業種5社が連携して、共同配送を検討するという取り組みがプレスリリースされました。

　5社の共通点は、バース予約や配送案件管理、車両動態管理などの機能を持つHacobu社の「MOVO」システムのユーザーであるということです。

　Hacobuはかねてから、生の輸送情報をベースとして効果的な混載や往復輸送を計画する「データドリブンな共同配送」を標榜しており、2023年9月には「MOVO Berthに入力された8月のある1日の全運行のうち、41.3％で共同配送の実現可能性がある」という興味深い分析結果を発表していました。

　今回の5社連携は、MOVOという共通の物流情報プラットフォームに蓄積される「物流ビッグデータラボ」の情報を、限定メンバーで直視して分析することで、共同配送の実現可能性を検討していこうとするものです。

　プレスリリースの時点で、すでに東北エリアと関東エリアの拠点間長距離輸送において、日本製紙とキリンビバレッジ、アスクルの3社で積み合わせを行なうことで積載率を上げ、往復実車を確保する可能性があるという共配イメージが発表されています。

異業種共配のメリット

　商品特性や輸送需要のピーク時期が異なる異業種同士の共配は、同業種共配では得られないメリットを期待することができます。

　「容積勝ち」になる軽い商品と「重量勝ち」の商品を組み合わせる「**軽重混載**」のほか、たとえば、日本マクドナルドと読売新聞との混載とか、LPガス配送と飲料・アイスクリーム配送の共同化などが現実に行なわれています。

　読売新聞とマクドナルドの場合、2021年4月から、読売新聞販売

店の配達車両で、稼働時間のずれを活用してマクドナルドの宅配サービス「マックデリバリー」を実施するという取り組みをしています。

また、両社は2019年から新聞輸送車両の空きスペースにマクドナルドが調達する塩を混載する共同化で連携しています。

さらに、ＬＰガス配送と飲料・アイスクリーム配送の場合、トラック運送会社２社の発案により、2019年９月から夏にピークが来る飲料・アイスクリームと冬にピークが来るＬＰガス配送について、トラックの共同利用を進めるといった取り組みです。

このような異業種共配は大きな可能性をもつものの、検討に着手するそもそもの「出会い」がないこと、可能性を具体的に分析するデータが共有できないことが実現を困難にしていました。

Hacobuが仕掛ける連携はこの困難を打破し、共同配送の新しい可能性を開く取り組みとして注目されます。バース予約や配送案件管理、トラックの配車管理やルート最適化といった配送業務効率化のアプリケーションを提供する物流テック企業のサービスが、異業種荷主の出会いの場となり、情報共有の基盤となる可能性があるわけです。

物流情報プラットフォームは、さまざまなサービスで広がりを見せていますが、今後、連携のための企業間の出会いの場として大いに注目すべき存在といっていいでしょう。

鹿島の「建築現場向け資材納品の共同化」

建設現場には工事期間中、きわめて多品種の資材が毎日、多頻度少量輸送で納品されます。

ゼネコン大手の鹿島建設では、この納品について「**マッチングアプリ**」と「**中継センター**」を用いた共同化に取り組み、2024年度の日本ロジスティクスシステム協会ロジスティクス大賞「業界革新特別賞」を受賞しました。

本来、ゼネコンは資材を調達する「着荷主」であり、納品の物流

を管理する立場ではありません。トラックを手配するのは、納品する立場の建材・資材メーカーや代理店、専門工事会社です。

　各社がバラバラに納品してくるため、ある大型工事の現場への納品実態を鹿島建設が調査したところ、10トン車に2〜3トンしか積んでいなかったり、片道400kmを超える長距離を4トン車で輸送して、帰りは空荷で帰ったりする例が散見され、非効率な実態が把握されました。

　建設現場への納品物流の非効率性は、かつて、1970年代のコンビニエンスストアの店舗に、卸やメーカーがバラバラに納品していた頃の状況に似ています。

　商品の種類が幅広いため、当初はセブン-イレブンの店舗で1日平均70台のトラックが納品に訪れていました。セブン-イレブンは、納品を集約する物流センターをエリアごとに設置し、計画的な共同配送を組むことで、これを1日9台にしました。

　鹿島建設の取り組みも同様に、着荷主の立場でその現場に向かう納品の共同配送を組むという内容です。方法として「マッチングアプリによる合積み、帰り荷確保の支援」と「中継センターの活用」の2種類が採用されました。

　マッチングアプリは、資材納品ベンダーに「荷物情報」を、運送事業者に「車両情報」を入れてもらってマッチングするものです。

　同じ現場に向かうとはいえ、かつては情報共有がまったくなかったベンダー同士、運送事業者同士が情報共有する場を提供したわけです。最初は鹿島建設の社員が手作業で情報を集約してマッチングを行ない、途中からシステム会社を入れて、ベンダーと運送事業者が直接情報を入力できるアプリケーションの形にしていきました（次ページの図を参照）。

　建設現場は、基本的に納品を受ける場所ですが、足場などの仮設材や機械類の一部は、工事の途中で使わなくなって撤去するものがあります。

◎マッチングアプリの画面イメージ◎

出所：鹿島建設株式会社プレスリリース

　これもかつては個別にトラックが仕立てられて取りに来ていましたが、情報共有によって「帰り荷」として納品トラックとマッチングできるようになりました。

　一方、中継センターは建設現場付近に共同の資材の仮置き場を設けるものです。これまでは工期に合わせて「その日に使う分を納品する」という方式だったものが、センターにある程度まとめて納品できるようになり、特に長距離輸送が必要なベンダーには大きな効率化効果が生まれました。
　センターでは、工事現場での使用場所別の仕分けを行なったうえで、工期に合わせて搬入します。
　たとえば、集合住宅の工事であれば、戸別に使用資材を揃え、パレットに載せて納品することができるので、これは納品を受ける現場側にもメリットがあります。納品トラックの台数が減り、ベンダーごとの納品を受けていた際には、「荷待ち」が発生していたのも解消しました。

◎中継センターから工期に合わせて現場に送り込む◎

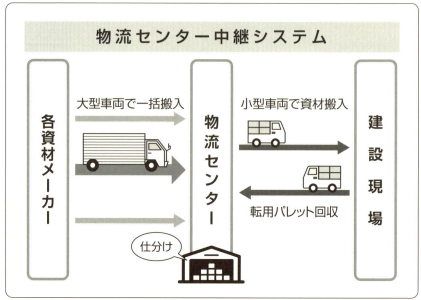

出所：鹿島建設株式会社プレスリリース

　鹿島建設の取り組みは、ある現場で「納品トラックのCO_2排出量を約60％削減した」という効果をあげ、納品ベンダーと運送事業者、納品を受ける建設会社のいずれにもメリットのある共同配送となっています。

　ロジスティクス大賞受賞にあたっても、「運送会社は新たな顧客を獲得し、専門工事会社は運送会社選択の幅が広がり、総合建設会社は工期遵守が容易になるなど、多方面にわたる成果が得られている点」と、「個社のみならず建設・物流分野全体の業務の効果的効率化が実現されている点」が高く評価されました。

　鹿島建設は今後、2つの取り組みを全国の現場に展開するとともに、業界の枠を超えて応用していくことを視野に入れています。

2-3 広がりを見せる業界一体となった連携の取り組み

　この章の最初に、連携のお手本ともいうべき加工食品業界の取り組みについて紹介しましたが、このような業界一体となった取り組みが広がりを見せています。そのいくつかを紹介してこの章の結びとします。

家電量販店７社とメーカー、物流事業者の連携

　2024年12月13日、ヤマダＨＤ、ビックカメラ、エディオンなどの大手家電量販店が連携し、メーカー・物流事業者と一緒に物流新会社を設立して、共同配送・共同倉庫を展開するというニュースが、日経新聞朝刊の一面記事に掲載されました。参加メンバーは以下の会社です。

【家電量販店】ヤマダＨＤ、ビックカメラ、エディオン、
　　　　　　　ケーズＨＤ、上新電機、ノジマ、ベイシア電器
【メーカー系】パナソニックマーケティングジャパン、
　　　　　　　ソニーマーケティング
【物流事業者】三井倉庫ロジスティクス、第一貨物

　激しく競い合うライバル同士の会社が、**「物流は競争領域ではなく協調領域」**という合意のもとに手を組む動きは2024年に入って加速しています。4月には「ファミマとローソン共同配送」が一般紙のトップ記事になり、テレビでも大きく報じられました。

　今回の家電量販店の連携は、7社で家電国内販売の6～7割を占めるとされる上位企業の合従連衡であるとともに、メーカーと物流事業者も巻き込んで、製配販連携で家電サプライチェーンの効率化に取り組むとしていることが特徴です。

　取り組み項目としては、以下のような内容が発表されています。

- エリアごとの店舗配送の共同化
- 共同倉庫の利用
- パレットや台車の共通化、共同利用
- RFIDを使った単品在庫情報の共有化

　同業者同士の共同配送は「1社では満載にならないトラックを満載にする」という目標に対して確実な効果をあげます。メーカーが連携すれば、同じ行先への納品を積み合わせでき、小売の店舗配送もエリアで共同化すれば、1台の配送トラックが担当するエリアを小さくして効率化することができます。

　この連携では共同配送にとどまらず、倉庫や在庫管理まで共同化のターゲットとしています。めざしているのは家電業界の効率的な物流・情報プラットフォームを設立するということであり、これからの展開が注目されます。

　2024年末現在の今後のスケジュールとしては、2025年1月に協議会を設置し、2027年をめどに新しい物流会社を設立して倉庫やトラックの共同運用を開始するとしています。

日用品サプライチェーン協議会の設立

　2024年5月に、ライオン、エステー、牛乳石鹸共進社、サンスター、大日本除虫菊、ダリヤ、デンタルプロ、日本香堂、日本サニパック、ユニ・チャーム、ユニリーバ・ジャパン・カスタマーマーケティングなど14社が、物流にかかわる社会課題に協働して取り組むことを目的に「日用品サプライチェーン協議会」を設立したことが発表されました。

　物流の労働力不足、エネルギー費用・人件費の上昇は、日用品業界の物流にも大きな影響を与え、物流コストの上昇にとどまらず、日々の物流を継続することさえ困難な状況にあるとの認識が背景にあります。

　これらの課題解決には、各社の企業努力に加えて、日用品業界全体の問題ととらえたうえで、各社が連携して取り組むことが不可欠

であるとしています。

そして、業界における円滑な物流データ共有を推進するために、株式会社プラネットのロジスティクスＥＤＩ基盤を活用しつつ、行政によるフィジカルインターネットの実現に向けた取り組みと連動するとともに、隣接業界との連携においても日用品業界の窓口としての役割を果たすと位置づけています。

物流における連携は、今後、業界の枠を超えて広がりを見せると思われるので、「日用品サプライチェーン協議会」を他業界との連携の窓口として位置づけことは大きな意味をもつと思われます。

プレスリリースによると、この協議会の主要な事業内容として、以下の取り組みがあげられています。

①**日用品サプライチェーンにおける業界課題および社会課題の解決に関する事業**

②**日用品サプライチェーンにおける物流業務の標準化・効率化に関する事業**

- ＡＳＮ（事前出荷情報）活用による伝票レス、検品レスの標準業務モデルの検討および実装
- 物流データ連携による輸配送車両の活用効率化・積載効率化の検討
- 外装表示、パレットユニットロードに関するガイドラインの策定と更新

③**日用品サプライチェーンにおける物流情報システムの標準と提言、普及促進に関する事業**

- 物流情報データベースの構築やデータ解析に関するシステム開発等の検討
- ロジスティクスＥＤＩの普及および外部物流情報基盤との連携に関する検討

これらの取り組みは、今後の物流にとって、いずれも必須のものであり、今後の展開を注視していきたいところです。

チルド物流研究会の発足

　最後に、2024年10月に記者発表会で発足が発表された「**チルド物流研究会**」を紹介しておきます。

　この研究会は、伊藤ハム米久ＨＤ、日清食品チルド、日清ヨーク、日本ハム、プリマハム、丸大食品、明治、森永乳業、雪印メグミルクなど、チルド食品を取り扱う９社が参加しています。

　ご存じのように、チルド食品は、0～10℃以下の温度管理が必要で、賞味期限が短い、納品リードタイムが短い、多頻度小口納品が要求されるなど、物流に大きな負荷がかかる状態にあります。

　これからのドライバー不足を考えると、現状のままでは物流の持続性が困難であるとの認識から、これまで当たり前としてきた納品条件や商慣習の見直しが不可欠であり、ドライバーの運転以外の時間を極力短縮し、配送にかける時間を増やすことが必要と判断し、９社が結束して取り組むための研究会の設置に至ったということです。

　記者発表では、今後の活動スケジュールとして、2024年度は準備期間として「納品条件の緩和」と「ドライバーの付帯作業削減」の２つの分科会で課題を整理し、優先順位づけを行なうとしています。

　2025年度から29年度にかけては「変化期」とし、他業界団体との協議、行政等との連携のほか、「共同輸送の推進など輸配送効率化」や「標準化、システム導入による効率化」などの分科会を設置し、協議するということです。

　2030年を一応の完成期として、一連の取り組み課題の解決を目標としています。

　ここで紹介した家電量販、日用品、チルド食品の業界をあげての取り組みは、かつてなかった連携の形態であり、これからますます増えていくことが予想されます。まさに、企業間連携は新時代に突入したといってよいでしょう。今後の動きから目が離せません。

3章 いまこそ物流のあるべき姿への挑戦が求められる

1　めざすべきは物流のあるべき姿 ……………………… 70
2　90年代にロジスティクスが登場する ……………… 77
3　改めて「ロジスティクス」を考える ……………… 83

執筆◎湯浅 和夫

3-1

めざすべきは物流のあるべき姿

物流の本来あるべき姿への取り組みが必要

　2章では、ドライバー不足を契機としたさまざまな最近の取り組みについて紹介しました。かつてでは考えられなかった企業間連携を軸とした取り組みが現実に進んでいます。これらの取り組みについては高く評価できますが、著者としては、ドライバー不足を契機として、さらに進んだ取り組みをするチャンスであると思っています。

　さらに進んだ取り組みとは、**物流の本来あるべき姿の構築**です。このあるべき姿とは、顧客納品を可能にする「必要最小限」の物流です。輸送も保管も顧客納品に必要な最小限の活動にしようとするものです。これにより、物流は、最もローコストなものになりますし、環境負荷という点でも大きな効果をもたらします。

　そのような物流の構築にぜひ取り組んでもらいたいという思いから、この章では、物流のあるべき姿について解説したいと思います。

　この物流のあるべき姿については、物流の歴史のなかで、過去に二度ほどその姿へのチャレンジがなされたときがありました。

　そこで、この章では、歴史を振り返るなかで、実際の取り組み事例をベースにして「物流のあるべき姿」について解説したいと思います。企業の物流担当者や近い将来選任される物流統括管理者には、その姿を知って、その実現にチャレンジしてほしいと思います。

物流黎明期のチャレンジ

　物流のあるべき姿への最初のチャレンジは、1970年代に起こりました。1973年に勃発した第一次石油ショックにより、それまで続いた高度経済成長が終焉のときを迎え、日本経済は一気にマイナス成

長に陥りました。売上が伸びない、製造原価の低減も限界だという状況のなかで、売上増、製造原価の低減に次ぐ「第三の利潤源」として物流が脚光を浴びたのです。

それまで工場や支店・営業所の倉庫を拠点に裏方として行なわれていた運送や保管が「物流」として企業経営の舞台に登場したわけです。物流にはけっこう大きなコストがかかっており、本社で統合的に管理すればコスト削減効果が期待できるとの認識が広がり、多くの企業で、本社に物流部門を設置することがブームのように広がりました。そこで、登場したのが初代の物流部長たちです。

企業の歴史上初めて誕生した物流部長たちは、当初、「物流を管理せよというけれど、いったい何をすればいいんだ」という戸惑いのなかにいました。そこで、彼らが始めたのが「そもそも物流とは何か」「物流を管理するとは何をすることか」を探すための勉強でした。物流先進国の米国の文献を読み漁ったり、何社かの物流部長が集まって勉強会を設けたりしました。

物流に限らず、初代の人たちはエネルギッシュに活動する点に特徴があります。すべての物流部長とはいいませんが、少なからぬ物流部長たちが熱心に活動したことは事実です。その結果、彼らは１つの結論に達しました。物流管理の原点ともいうべき到達点です。

彼らが着目したのは「**在庫**」です。「物流は、在庫を保管し、在庫を移動する活動だ」と位置づけ、「在庫が増えれば保管費が増大する。勝手に在庫を移動させられれば輸送費が増大する。物流コストを最小化するためには、在庫の発生、移動をコントロールすることが重要だ」という結論を出したのです。

生産部門が、自分たちの都合で勝手に大量生産すれば、大量の在庫が生まれ、その保管という活動が発生します。営業部門が、欠品を恐れ、手元に多くの在庫を持ちたいと在庫の手配をすれば、支店や営業所の倉庫に大量の在庫が保管され、工場から倉庫までの輸送が発生します。このような状況はいまでも見られます。

さて、ここで問題になるのは、大量に生み出した在庫が結局売れ

ずに残ってしまった場合です。滞留在庫、不良在庫と呼ばれますが、これらは保管費を発生させ続けますし、売れもしないものを工場から各地の倉庫に運んだ輸送費は回収不能のコストになります。

　この「売れもしないものを保管したり、運んだりするムダが物流における最大のムダだ」と初代物流部長たちは結論を出したのです。もちろん、現場作業の効率性も重要ですが、そもそも売れもしないものを効率的にやる意味がどこにあるのかと疑問を投げかけ、「売れもしないものを物流する」ことこそが根源的な問題であり、その解決こそが自分たちの役割だという答えにたどり着いたのです。

　そして、実際にその取り組みにチャレンジしました。

黎明期に物流のあるべき姿にチャレンジした事例

　このような「市場が必要とする在庫だけを保管し、移動する」という物流のあるべき姿にチャレンジした、物流黎明期の実際の取り組みについて見てみましょう。このような取り組みで当時話題を呼んだのが三菱電機、資生堂、花王の3社です。

【三菱電機】

　まず、三菱電機ですが、1970年代前半の頃の取り組みです。同社では、まずメーカー在庫と代理店在庫を集約した配送センターを全国に配置するというネットワークづくりをしました。そして、「情報をベースにしない限り物流管理はできない」という信念のもと、本社物流部と各地の代理店をオンラインで結び、代理店の日々の出荷情報を把握することで在庫を集中的に管理し、それを生産計画に反映するという取り組みを熱心に進めました。

　生産計画を出荷動向に合わせることでムダな在庫の発生を抑え、各地の配送センターに適正な在庫配置をしようとしたのです。まさにめざすべき姿です。ただし現実は、生産部門の理解を得られず、その構想は実現しませんでしたが、物流の黎明期からこのような原点を踏まえた取り組みが行なわれていたことは注目に価します。

【資生堂】

　資生堂は、1975年に、本社に「物流室」という物流管理部門を設置しました。その特徴は「物流室の役割は生販調整機能にある」とした点です。ここでいう生販調整とは、市場での売れ行きに合わせて生産を行なわせるという意味合いで使われています。

　当時、個々のアイテムごとにどれくらい売るかという数値は営業サイドの思惑や都合でつくられていたため、目標としてのトータルの売上では計画値に近い数字になりますが、個々のアイテムごとの数値は計画値と大幅にズレた結果になっていました。必然的に、アイテムごとに過不足が発生していました。そこで行なわれていたのが「生販調整会議」です。

　調整とはいいますが、要は、営業部門と生産部門との間での責任の押し付け合いというのが実態です。欠品が出れば顧客に迷惑をかけるし、過剰在庫の発生はムダの発生につながります。このようなことをなくすために登場したのが物流室です。

　物流室は、この販売計画をより市場での売れ行きに近い形に修正しようとしたのです。販売部門が立てた販売計画を過去の販売実績や市場調査などをもとに修正し、より市場の売れ行きに近い形にしていったのです。生産部門はこの販売計画をベースに生産計画をつくるという取り組みが行なわれました。

　そして、それまで各所に分散していた受注担当を物流室に集めました。日々の受注実績を見ながら、販売計画を修正するという活動を続け、生販のギャップとして生まれる欠品や在庫のムダの排除をねらったわけです。この取り組みはそれなりの成果を上げました。資生堂においては、このような考えが形こそ違え、現在まで引き継がれています。

【花王】

　最後に、花王ですが、同社は当時から物流先進企業として有名でした。70年代前半に物流のインフラ整備に力を入れ、工場に立体自

動倉庫をつくり、11型パレットに統一して、工場と届け先である販社の倉庫との間で一貫パレチゼーションを確立しました。

そして、70年代後半に取り組んだのが「花王ＬＩＳ（ロジスティクス・インフォメーション・システム）」です。このシステムの最大の特徴は、顧客である販社からの注文ではなく、コンピュータの活用により、花王から販社に自動的に在庫を送り込む方式にしたという点にありました。

このような在庫の自動送り込みは、当時はもちろん、いまでも画期的な方式であることは間違いありません。顧客からの注文は受けず、供給側の判断で顧客の在庫を補充するということは、物流サービスそのものが存在しないということを意味します。納期も納品頻度も納品単位も存在しないため、供給側で最も効率的な届け方ができるわけです。まさに物流のあるべき究極の姿がここにあります。

当時、「あれは相手が販社だからできたのであって、一般の問屋相手では難しい」という声もありました。たしかに、当時の状況では、この指摘にも一理あります。ただ、「顧客からの注文は受けず、供給側の判断で顧客の在庫を補充する」という姿は、物流のめざすべき方向性であることは間違いなく、昨今のドライバー不足という状況においては、顧客との間で連携して取り組むことが望まれる姿であることに違いはありません。この究極の物流のあるべき姿については覚えておいてください。

それはともかく、顧客に自動補充を行なうためには、２つの要件が必要になります。「顧客の在庫状況の把握」と「補充数量の決定」です。

花王は、顧客の在庫状況の把握を行なうために、花王と全販社を結ぶオンライン網の構築を行ないました。これにより、日々の販社からの出荷情報を取っていたのです。

いくつ補充すればよいかという数量の決定は、いまでこそ、補充先の拠点在庫の保有日数を決めておき、日々の出荷動向を分析して、アイテム別の１日当たりの平均出荷量を出し、発注点あるいは定期

発注日を起点に在庫の保有日数分を満たす必要量を補充するという形が一般的ですが、70年代当時のコンピュータ事情では、そのようなリアルタイムの分析ができなかったことはいうまでもありません。

当時、花王としては、「販売計画の達成こそが重要だ」という考えのもと販売計画の精度向上をめざしたのです。資生堂のケースと同じように、花王でも販売計画の精度向上を図り、この販売計画をベースに補充量を決めていくという方法を取ったのです。

そこで花王は、販売計画の精度向上に独特のやり方を導入しました。「販売予測は市場が行なうべきだ」という考え方のもと、市場に一番近い販社の営業担当者に自分の経験や地域の事情を考慮して、商品別に市場実態に近い販売数値を出させたのです。この計画値が花王の生産計画のベースになりますが、同時に、各販社在庫の補充に必要な在庫量の決定にも使われました。

販売計画の精度向上のために、一定期間ごとに、販社の営業担当者別、商品別の販売実績が把握され、その数値と営業担当者自身が立てた販売計画値とがコンピュータにより比較分析され、その結果、計画値と実績値との間に大きな乖離が生まれそうな商品については、その原因を営業担当者に分析させました。

そして、その乖離を今後の営業活動で埋めることができるのか、計画値の修正が必要なのかの判断をさせたのです。このようにして、営業担当者に販売計画の精度を向上させる能力を付けさせていったわけです。

個々の営業担当者のトータルの販売目標が達成できさえすれば、商品別に何がいくつ売れようがかまわないという当時の常識を否定する取り組みを行なったのです。その結果、販売計画の精度が向上し、これをベースに生産計画が立てられ、顧客への在庫補充の数量を算出するベースとなったのです。

この花王の例は、「市場が必要としないムダな在庫を生産したり、物流拠点に送り込んだりはしない」という物流管理の原点に立った取り組みであることはいうまでもありません。

さて、ここでは、三菱電機、資生堂、花王という3社の事例をもとに、いかにムダな保管をしないか、ムダな輸送をしないかという取り組みがあったという話をしました。50年近くも前の話です。
　いずれの事例も、本社物流部門は、現場作業の改善は現場に任せ、自分たちは「物流のあるべき姿」をめざすのが役割だというスタンスでの取り組みであったという点は注目すべきことだと思います。

3-2 90年代にロジスティクスが登場する

あるべき姿をめざした取り組みは80年代に姿を消す

　物流のあるべき姿に取り組んだ70年代の事例について見てきましたが、次に、同じような取り組みが起こるのは90年代前半のバブル崩壊後です。それは、80年代からバブル崩壊まで行なわれていた物流への反省という形で起こりました。

　それでは、反省の対象になった80年代の物流がどのようなものだったのかについて見てみます。それは、一言でいえば、物流のあるべき姿とは無縁の物流が行なわれていたということです。80年代は、経済的には安定成長期といわれ、その後80年代後半から90年代初めにかけてバブル景気が起こります。

　この時期、物流は、販売優先の時代状況のなかでそれを支える役割を担わされることになるのです。販売優先とは、顧客のいうことは何でも受け入れるという意味です。つまり、コストを無視したサービス優先の物流が登場したのです。

　最近、短納期や多頻度小口の物流サービスが問題視され、その是正への取り組みが始まっていますが、いま問題視されている物流サービスは80年代に形づくられたものです。それが、実際どのように生まれたのか、反面教師という視点から、ちょっと時代を振り返ってみたいと思います。

　80年代は、安定経済成長期といわれますが、同時に国民生活の安定成長をも意味していました。日本人の大多数が「中流意識」をもっていて、いわゆる格差が存在しないといっても過言ではない時代です。年功序列、終身雇用、企業別組合という「日本的経営」で雇用も収入も守られていました。生活にゆとりがあり、生活に必要なものはすべて揃っていました。

この頃、よくいわれたのが「消費者ニーズの多様化」です。すべての人が同一の製品やサービスを要求するという時代は終わり、個々の消費者の好みに応じて商品を提供することが求められたのです。そこで登場したのが**「多品種化」**です。企業は、特定のターゲット層をねらって異なる商品を次々と市場に出していきました。当然のことですが、市場に出した商品の多くはすぐに消えていきました。当時、「千に三つ」ということがいわれましたが、これは新商品を千出しても、小売り店頭で生き残るのは3つくらいだという意味です。

80年代に物流はどう変わったか

　さて、このような「何が売れるかわからない」という状況においては、取引企業間つまりメーカーと卸、卸と小売の間ではどのようなことが起こるでしょうか。必然的な結果といってよいと思いますが、何が売れるかわからないなかでは、「在庫は持ちたくない」という強い思いが出てきます。その結果として、商品を仕入れる側は在庫を極力持たず、「必要なときに必要なだけ注文するので、すぐに持ってきてくれ」と仕入先に要請するようになりました。

　これが、80年代の物流の特徴である「短納期、多頻度小口」といわれる物流サービスの要求です。80年代の物流の特徴といいましたが、この物流は結局最近まで続きます。それはともかく、この80年代に物流はどのように変わったのかについて具体的に見ておきたいと思います。

　80年代以前、メーカーと卸間では、納期は48時間以上、注文頻度は週1回ないし2回程度、注文単位は10トン、つまり大型トラック1台満載で納品されていました。当然ですが、工場倉庫からの直送が当たり前で、ほとんどのメーカーでは、出荷量の7割から9割が工場から顧客倉庫に直送されていました。もちろん、規模的に直送できない中小規模の顧客もいますので、それらの顧客に対してはメーカーの各地の支店や営業所が在庫を持って、そこから配送すると

いう例外的な対応をしていました。これが、80年代以前のメーカー物流の姿です。

ここに「多品種化」の波が押し寄せます。その結果、メーカーと卸間において、納期が48時間以上から24時間に短縮されました（短納期化）。また、注文もほぼ毎日に変わりました（多頻度化）。その必然的な結果として、10トン単位だった注文がパレット単位や段ボール単位に変わっていきました（小口化）。

こうなると、工場直送主流の物流の姿は一変します。短納期になったため各地に在庫を持った配送拠点が設けられ、多頻度小口出荷に対応した拠点内作業体制が構築されたのです。このように、メーカー物流の姿は大きく変わりました。

同じような変化は、当然、卸と小売の間でも起こります。卸物流も「毎日納品」が当たり前になり、小売との取引条件に「小分け出荷可能」という要求が入ってきました。その結果、いまでは当たり前になっている「バラ出荷」という手間暇のかかる納品がこの頃から始まりました。納期も、ある小売チェーンが「発注から５時間以内納品」を要求するなど、翌日納品どころか当日納品が増えていきました。

小売からのこのような要求を受け、卸からメーカーへの発注も変わりました。発注ロットは小口化が進み、それまでの１パレット１製品の納品から１パレット複数製品積みの納品が増え、さらにメーカーに対してケースの入り数を小さくするよう強い要望が出されていきました。

このように、物流サービス最優先の風潮のなかで、物流はその姿を変えていったのです。簡単に見ましたが、物流のあり方に一大変化が起きたのが80年代だったのです。

物流のあるべき姿をめざした90年代の取り組み

80年代の安定経済成長期の後半にバブル経済期が登場しますが、時期的にいうと、1986年12月から91年２月までのおよそ５年間で

す。もちろん、バブルという呼び方は、当時は存在せず、バブル崩壊後に付けられた名称です。

　それはともかく、バブルが崩壊すると、それまで6％前後の成長をしていた日本経済は1％弱まで落ち込みます。当然、企業の売上も減少することになります。そのとき、物流には**大量の在庫と高コストの物流という負の遺産**が残されました。

　大量の在庫は、バブル時代に大量生産した在庫が多数の賃借倉庫や自社倉庫に山積みされていました。また、物流の高コスト化は、顧客の要望をすべて受け入れた物流サービスの提供をしてきたわけですから当然の結果です。バブルの時代に運賃が大幅に上昇したことも物流の高コスト化に拍車をかけました。

　これら負の遺産の処理を物流部門は強いられたのです。詳しくは触れませんが、多くの企業で、在庫の処分に数年を要しました。また、物流コストを下げるため、それまで自社運営が当たり前だった物流センターを物流業者にアウトソーシングしました。その際、複数の物流業者に料金を競わせるためコンペなども行ないました。さらに、物流コストを売上に連動した形で推移させるため、運賃や作業料金を個建て契約にするという取り組みも行なわれました。どちらかというと対症療法的な取り組みです。

　このようななかで、少数派でしたが、対症療法的な取り組みではなく、物流を抜本的に見直し、「物流のあるべき姿」を実現しようとした企業が登場しました。その実際の取り組み例について紹介したいと思います。ユニ・チャーム、日清食品、キッコーマンの3社です。90年代半ばから2000年代初めの取り組みです。

【ユニ・チャーム】

　まず、ユニ・チャームですが、その特徴を列挙すれば以下のとおりです。

① 見込み生産体制から商品の売れるタイミングに合わせて生産し、供給する体制への転換を推進する

②流通拠点には最小限の在庫しか置かず、工場の出荷機能を強化し、拠点の出荷に合わせて工場から適宜補充できるようにする
③生産拠点を市場の近くに配置する

　ここでの取り組みの特徴は、「拠点からの出荷に合わせて生産し、在庫を動かす」という体制です。後で説明しますが、これが「**ロジスティクス**」といわれるものです。

【日清食品】

　次に、日清食品ですが、同社の取り組みの特徴は以下の通りです。
①94年４月に「ＥＣＲロジスティクス本部」を設置した
②この本部の下に物流部、情報システム部、それに生産計画を策定する生産統括部を組み込んだ
③市場の販売動向を反映させた供給をめざした

　ロジスティクス本部の体制は興味深いです。本部の下に物流部と生産計画を策定する生産統括部を置き、拠点からの出荷動向、在庫動向等を把握するために情報システム部も入れています。

　これも、出荷動向に合わせて、生産をさせ、物流をさせるという典型的なロジスティクス体制です。

【キッコーマン】

　最後に、キッコーマンですが、当時、大きな関心を呼んだ取り組みです。概要は以下のとおりです。
①2001年に「ＫＯＬＳ（キッコーマンオーダーレスシステム）」稼働
②ＫＯＬＳはＷＰ、ＤＰ、ＣＲＰという３つのシステムからなる
③ＷＰ（ウィークリープランニング）は、生産計画を週次計画とし、販売状況（デポからの出荷状況）を見ながら生産日程計画を策定するシステム
④ＤＰ（デポ）は、デポからの出荷状況に連動してデポ在庫を物流部の判断で工場倉庫から補充するシステム。積載率を考慮しなが

ら適宜補充する
⑤ＣＲＰ（Continuous Replenishment Program）は、顧客側にキッコーマン籍の在庫を置き、その出荷状況を見ながらキッコーマン側の判断で補充の量、タイミングを決めるシステム。これにより、物流サービスはなくなる。

 キッコーマンの取り組みは、自社のデポからの出荷動向をベースに生産、物流という供給活動を行なうにとどまらず、顧客にキッコーマン籍の在庫を預け、その出荷動向を見ながら、その補充をキッコーマンの判断で行なうという当時としては画期的な取り組みをした点が高く評価されます。かつて花王が行なった顧客への自動補充と同じ考えです。

 ちなみに、ＫＯＬＳの「オーダーレス」というのは、ＷＰでいえば「販売計画」、ＤＥＰＯでいえば「営業側からの補充要請」、ＣＲＰでいえば「顧客からの注文」など、顧客や他部門からの「注文」や「要請」は受け付けないという意味です。すべて市場の動きを反映している「出荷動向」をベースに供給活動を行なうという点に特徴があります。

 さて、バブル崩壊後の３社の取り組みについて実際の事例を紹介しましたが、これら３社の事例は、すべて「市場への出荷動向に同期化させて生産や物流などの供給活動を行なう」という点に共通点があります。そして、これが「ロジスティクス」と呼ばれる世界です。これにより、市場が必要とするものしか生産させない、物流させないという本来の意味での必要最小限の生産と物流が実現するわけです。つまり、物流のあるべき姿の到達点がロジスティクスなのです。

 それでは、ここでロジスティクスについて改めて説明したいと思います。物流のめざすべき到達点として知っておいてもらいたいからです。

3-3

改めて「ロジスティクス」を考える

📦 物流に対するロジスティクスの考え方

　ロジスティクスについて知るためには、これまでの物流が、特に他部門との関係において、どんな状況にあるのかを知ることが有効です。ロジスティクスが導入されていない場合、多くの企業では、著者が「**後処理型物流**」と呼ぶ状況にあると思います。

　後処理型物流とは、生産や仕入、販売など他部門の活動の後始末として物流をやらされている状態を指します。つくったから、あるいは仕入れたから保管しろ、売ったから届けろという他部門の活動によって生み出される物流を後処理している状態です。

　70年代に初めて物流部門が誕生したときは、すべての企業がこの状態にありました。もちろん、この段階にあるからダメだというつもりはありません。物流は、もともと他部門の活動の結果発生する派生需要的な存在ですので、やむをえないことではあります。

　この後処理型物流において悩ましいのは、物流発生源と呼ばれる生産部門や調達部門、さらには営業部門などの行動です。たとえば、生産効率だけを考えて市場が必要としている以上に生産したり、仕入原価を下げるために必要以上の商品や原材料等を調達すれば、そこに大量の在庫が発生します。その在庫の保管は物流部門の仕事だということになります。

　また、欠品を出したくないという思いで営業部門が管轄する物流拠点に在庫を多めに手配すれば、それだけの保管スペースが必要になりますし、その在庫を工場から物流拠点まで輸送するという活動が発生します。

　もちろん、これらの在庫がすべて売り切れてしまえば問題はありませんが、現実には、多くの企業の物流拠点で結局売れ残ってしま

ったという在庫が存在します。売れ残った在庫は諸悪の根源です。売れもしないものを輸送し、作業をし、保管するという活動は企業経営的に明らかにムダです。

また、それらの在庫は最終的に処分しなければなりません。売上を得るための活動のコストは是認されますが、売上と無縁の活動をしたコストは企業にとって看過できない存在です。

ところが、現実に物流の世界では、このような無意味な活動が日々強いられているわけです。物流部門としては、日常的に輸送や作業、保管などの効率化に取り組んでいますが、結局売れ残ってしまう在庫の輸送や保管、それらに伴う作業などを効率よく行なうことにどんな意味があるのかという疑問が常につきまといます。

もちろん、どんな作業であれ、効率的に行なうことは間違っていませんが、そもそも効率化以前にそんな無意味な物流はやらないほうがいいのではないか、という思いが生まれるはずです。

このような無意味な物流活動が発生するのは、**在庫のコントロールができていない**からです。市場が必要とするものだけを生産し、それに必要なだけの原材料等を調達し、顧客に向かう在庫だけを物流するというマネジメントが存在しない結果です。いくら立派な物流センターを持っていても、このようなマネジメントが存在しないのであれば、その会社の物流は「後処理型物流」と位置づけられます。

この後処理型物流から脱却するための方策は1つしかありません。生産や調達、営業という他の部門が、自分の都合で在庫を生み出したり、勝手に在庫を動かしたりすることをやめさせればいいのです。そこで登場するのが「ロジスティクス」というマネジメントです。

📦 ロジスティクス・マネジメントの実際

ロジスティクスとは、「**市場で売れているものだけをつくり、仕入れ、物流させれば、供給活動におけるムダが最大限省ける**」という思考を原点に置いたマネジメントです。市場で売れているものを

把握するためのデータが、自社の物流拠点からの出荷動向です。この出荷動向をベースに調達や生産、物流といった「供給活動」を行なわせようというのがロジスティクスというマネジメントです。

改めて定義をすれば、「**ロジスティクスとは、市場への出荷動向に同期化させて、生産、調達、物流などの供給活動を行なわせるためのマネジメントである**」ということになります。このロジスティクスが動けば、供給活動のコストは最小限になりますし、欠品も最少化され顧客サービスの向上に寄与します。また、CO_2排出量の削減など環境負荷軽減にも貢献します。

先に紹介したユニ・チャーム、日清食品、キッコーマンの事例はすべてこのロジスティクスをめざした取り組みの実例です。市場への出荷動向に合わせて供給活動を行なわせることをねらいとしたものです。

これまでの説明で、ロジスティクスと物流との違いはおわかりになったと思います。ロジスティクスは、市場動向に同期化して供給活動を動かすためのマネジメントであり、そのマネジメントの下で動く活動が物流であり、調達や生産なのです。

ロジスティクスは決して物流を格好よく言い換えた言葉ではありません。また、物流の延長線上にある言葉でもありません。メーカーでいえば、ロジスティクスは、調達、生産、物流という供給活動全般を対象にしたマネジメントなのです。

ロジスティクスが動くことで、市場で動いている製品しか生産しないので、売れるかどうかわからない製品の在庫は発生しません。つまり、物流活動の1つである保管の量は大幅に減るはずです。売れるかどうかわからない在庫は存在しませんので、無意味な在庫移動はなくなり、市場が必要とする在庫の移動しか発生しません。輸送費も必要最小限の状態になります。

それでは、具体的に、物流はどのような形で動かされるのでしょうか。物流は、大別すると、工場から物流拠点までの「社内物流」と物流拠点から顧客までの「販売物流」の2つに分けられます。こ

のうち、ロジスティクスが対象とするのは「社内物流」です。なぜなら、ロジスティクスは、物流拠点からの出荷動向をベースにするので、物流拠点までの物流が対象になります。

ロジスティクスを行なうためには、**在庫アイテム別に物流拠点から顧客への日々の出荷動向を把握する**というしくみの構築が必要になります。これがロジスティクスの出発点です。これをベースに補充のシステムを構築するのです。

具体的には、物流拠点在庫をたとえば１週間分持つと決めて、アイテム別に平均出荷量をベースに１週間分の持つべき在庫の量を決めるわけです。そして、顧客への出荷に応じて補充のタイミングと量を判断し、トラックの積載率を考慮して補充計画を策定します。先に紹介したキッコーマンのＤＰのやり方です。

このような形で在庫をコントロールすることで、市場がいま必要としている在庫しか拠点に移動しませんので、工場倉庫から物流拠点間は必要最小限の輸送しか発生しません。同時に、拠点での作業や保管も必要最小限で済みます。

ただ、ロジスティクスが生産量のコントロールまでできていればいいのですが、生産までコントロールできていない場合には、相変わらず、工場では、市場が必要とする以上の在庫を生み出してしまっているはずです。この場合は、これらの在庫は、工場近辺に置いておいて、決して物流拠点には送り込まないというのが鉄則です。

ロジスティクスが生産量のコントロールまでできるようになれば、このような必要以上の在庫は生まれません。日清食品の事例にあったように、ロジスティクス本部の下に生産計画を策定する生産統括部のような部門が置かれれば、生産量のコントロールが可能になります。原材料等の調達を担う調達部門も、生産計画に従って調達するようになれば、原材料等の在庫も必要最小限になります。

このように、市場動向つまり物流拠点からの出荷動向をベースに生産や調達、物流を動かすことで在庫は必要最小限の水準を保てますし、無意味な在庫の保管や輸送はなくなります。企業経営的に大

きな効果を発揮するのがロジスティクスなのです。

ロジスティクスのサプライチェーンへの展開

　ロジスティクスは、工場から物流拠点までをコントロールすると前述しましたが、それは自社の物流拠点からの出荷動向をベースにしているからです。ここで、もう一歩踏み込んで、顧客の物流拠点からの出荷動向をベースにすることができたらどうなるでしょうか。

　つまり、ロジスティクスを販売物流まで展開するのです。言葉を換えれば、自社のロジスティクスの範囲を顧客にまで広げるのです。これが「ＳＣＭ」と呼ばれる取り組みです。

　ちなみに、ＳＣＭとは、「Supply Chain Management（サプライチェーン・マネジメント）」の頭文字を取ったものです。サプライチェーンとは、「供給連鎖」と訳されますが、簡単にいうと、原材料等メーカーを出発点に加工組立メーカーから卸を経て小売までの供給のつながりをいいます。

　これらサプライチェーンの供給を最も効率的になるようにマネジメントするのがＳＣＭといわれるものです。サプライチェーンを１つのシステムとしてみて、最適なしくみを考えようというのがねらいですが、現実には利害がからむ企業間の話なので、そう簡単にはいきません。

　そこで、現実的に実現可能と思われる取り組みが、３－２項で紹介したキッコーマンがチャレンジしたＣＲＰです。これは、得意先に自社の在庫を置き、その出荷動向を見ながら供給側の判断で補充の量、タイミングを決めるというやり方です。

　ＳＣＭの第一歩といってよいと思います。顧客の物流拠点をあたかも自社の拠点とみなして、顧客拠点からの出荷動向をベースに供給活動を行なうというもので、出荷動向を把握する拠点を顧客拠点まで延ばした形になります。

　顧客にとっては、在庫補充のための注文という作業がなくなり、欠品を出さないことは供給側が責任をもつので、**在庫管理からも解**

放されます。供給側からすれば、在庫補充を顧客からの注文によらず、自社の判断で行なうことができるので、効率的な補充が可能になります。

　さらにいえば、顧客からの注文を受けないということは、これまで存在した**物流サービスがなくなる**ということを意味します。物流の効率化を制約してきた物流サービスがなくなるわけですから一大変革です。

　いま、多くの業界で物流サービス是正の取り組みが行なわれています。納期を翌日から翌々日にしようというリードタイムの延長や納品頻度の削減などさまざまな是正が始まっていますが、これは物流サービスの存在を前提にした取り組みです。

　物流サービスを是正するよりも、その物流サービスそのものをなくしてしまおうというのが顧客までロジスティクスを展開するＳＣＭの取り組みなのです。この取り組みは、ドライバー不足のなか、今後一層関心を呼ぶことになるはずです。

　さて、物流のあるべき姿を求めてきましたが、その究極の到達点は、顧客の倉庫からの出荷動向をベースにロジスティクスを展開するということです。ただ、そのためには自社内でロジスティクスが動いていることが前提になります。

　物流の立場でいえば、少なくとも、社内物流においては、物流拠点からの出荷動向をベースに在庫の配置と補充を行なうしくみの構築は率先して取り組むべき課題です。この段階でも、自社内の物流におけるトラックの最大限の有効活用は図れるからです。

　ドライバー不足が現実のものになってきているいまこそ、トラックの有効活用を実現するロジスティクスに真剣に取り組むべきであることを強調して、この章を終わりにします。

4章

これからの輸送

1 トラックへの過剰な依存からの脱却が必要 ········ 90
2 国が「標準的な運賃」を示した ······················ 95
3 運送業界における多重下請け構造へのメス ······· 100
4 トラックによる運び方の工夫〜中継輸送〜 ······· 104
5 他の輸送モードも含めた運び方の工夫 ············ 110

執筆◎芝田 稔子

4-1 トラックへの過剰な依存からの脱却が必要

労働時間規制によるドライバー不足の発生

　現在、構造的なドライバー不足が指摘されています。現在のトラックドライバーは高齢化しており、だんだん減っていきます。運送業界では、盛んに人材募集が行なわれていますが、高校などの新卒でトラックドライバーを選ぶ人は多くありません。

　全産業平均と比べ1～2割長い労働時間、1～2割安い賃金と、雇用条件はあまりよいとはいえないなか、新しくドライバーを職業に選ぶ人が少ないのは当然でしょう。

　新卒や別の業界から新たにトラックドライバーになる人が増えない限り、ドライバーは増えません。現在、ドライバーの転職市場は活況を呈しているといわれますが、運送事業者の間で動き回っているだけなので、ドライバーの増加には至っていません。

　このように、ドライバーの人数そのものが将来的にも減っていくことが確実視されていることに加え、2024年4月から働き方改革関連法の施行により、ドライバーが働ける時間が短くなりました。

　これによりドライバー1人が運べる荷物が少なくなってしまい、ドライバーが得られる報酬も少なくなっているのが多くの現状です。

　労働時間に不満を持っていなかったドライバー、これまでどおり稼ぎたかったドライバーにとっては、国の政策により収入が減ってしまったことになり、不満を募らせている人もいます。

　こういったドライバーがとる行動としては、労働時間管理がゆるくて"稼げる"会社への転職であったり、別の職種への転職であったりします。時間外労働の時間規制は、ドライバーの労働環境を整えるために必要な施策には違いありませんが、ドライバーの賃金を確保する対策を講じない限り、目的の達成は困難です。

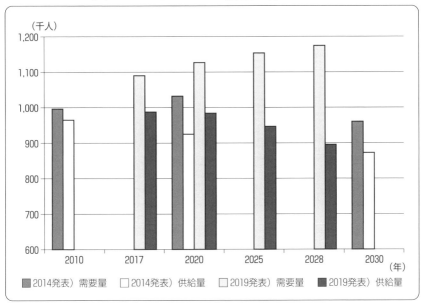

◎トラックドライバー需給の将来予測◎

(※) 鉄道貨物協会資料より湯浅コンサルティング作成

　ドライバー不足対策としては、労働環境の改善と同時にドライバーの報酬の引上げが不可欠な要素といえます。

📦 トラックへの依存度は高い

　日本の輸送は主にトラック、船舶、鉄道、航空の４つの手段によって行なわれています。これらを**輸送モード**と呼びます。

　現在、日本の輸送は圧倒的にトラックに依存しています。2021年の国内輸送量は合計42億トンでしたが、このうち実に９割がトラックによって運ばれています。９割の内訳としては営業用トラックが６割、自家用トラックが３割となっています。

　なぜトラックの利用がこんなに多いのかといえば、ドア・ツー・ドアの輸送が可能で、荷主の希望に沿って柔軟な対応が可能ですし、何より運賃がリーズナブルだからといえるでしょう。

　船舶や鉄道、航空には決まったダイヤがあり、出荷時刻や納品時

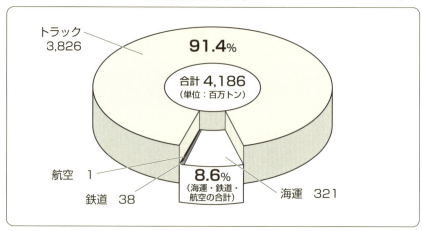

◎トンベースでみる輸送機関別分担率（令和4年度：トンベース）◎

刻について荷主の希望を最優先に調整するような柔軟な対応は困難です。

　トラックはその性質上、自由度が効く特徴を最大限に活かした輸送サービスを展開し、荷主企業はその特徴を十分に享受し、結果としてトンベースでみれば、トラックはずっと輸送モードのトップシェアを占めていました。

　ちなみに、「トラック」は**自家用**と**営業用**の2種類に分けられます。「自家用」とはメーカーや問屋などが自社の商品を運ぶために保有している車両のことです。トラックのドアのところに「自家用」と書かれており、車両のナンバーは白色です。

　「営業用」はメーカーや問屋などが自社の商品を運ぶためにトラック運送事業者に委託している場合に利用される車両のことです。車両のナンバーは緑色です。

　トラックはずっとトップシェアの状態ですが、その内訳はずっと同じだったわけではありません。

　次ページの図をご覧いただくと、昭和50年頃には、自家用トラックによる輸送トン数のほうが営業用トラックの2倍以上ありました。その後、徐々に営業用トラックの割合が増え、2000年頃にはほぼ同

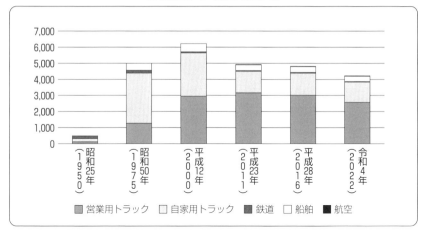

◎輸送トン数の推移◎

じ割合となり、最近ではだいたい2対1で営業用トラックの割合が高い状態です。

自社でトラックを確保する動きがある

　物流危機というトラック不足の時代を迎え、荷主の物流への姿勢には少し変化が起こっています。

　たとえば、ライオンやオリンパスなどでは物流子会社として分社化していたのを本社に吸収しています。また、いすゞ自動車やケーズホールディングスでは物流業務を委託していた事業者を統合したり、子会社化したりしています。

　2000年頃からあった「物流は外部委託、アウトソーシングが望ましい」という風潮から逆の動きが起こっているわけです。

　外部委託であればトラック不足が本格化したときに、自社の商品を運んでくれるトラックが手配できないかもしれないという不安がありますが、自社でトラックを持ちドライバーを雇用していれば、確実に納品を行なうことが可能です。

　「そんなのは無理だ」と思われるかもしれませんが、時代状況に合わせ、輸送方法に変化が起こることは当然ですし、むしろ対応す

べきです。営業トラックに任せきれないとなれば、確実に納入責任を果たすため、自社でトラックとドライバーを用意する荷主が増えることも十分考えられます。

横暴な荷主から運送事業者を守る「トラックGメン」誕生

2023年、トラックGメンが誕生しました。国土交通省に置かれ、現在はトラック協会等からの応援も得て、総勢360人体制となっています。トラックを取り締まるのではなく、"トラックをいじめる荷主を取り締まる"組織です。「荷主」には元請け事業者も含まれます。

2024年11月、守るべき対象に倉庫事業者も加えることとし、正式名称は「**トラック・物流Gメン**」となりました。

悪質な荷主または元請け事業者に対しては「働きかけ」や「要請」が行なわれます。要請を受けた後も改善されなかった場合は、「社名公表」となります。

2023年には1,000件を超える「働きかけ」「要請」が行なわれ、2件の「社名公表」がありました。

悪質な荷主に関わる情報収集には、トラック運送事業者や倉庫事業者へのトラックGメン側からのヒアリングのほか、メールで通報する目安箱、業界団体における相談窓口も設定されています。通報者の企業名は秘匿されます。

トラックGメンのほか、下請けGメン、公正取引委員会による定期的な調査の実施など、物流事業者がコンプライアンスを遵守した業務遂行ができるよう、国が荷主をチェックする体制が強化されており、あたかも荷主がいじめられているように思うかもしれません。

しかし、法令を遵守し、適切なコストを負担している荷主がばかをみないようにするには、このような規制は重要です。"悪い荷主"はきちんと摘発されることで、日本全体の法令遵守レベルは上がっていくでしょう。

4-2 国が「標準的な運賃」を示した

📦 相場運賃も上昇傾向だが

「危機的なドライバー不足」と聞けば、当然ながら運賃の高騰が予測されると思います。企業向けサービス価格指数をみてみましょう。これは、日本銀行が企業に対するサービスの価格を算出するため、各分野のコストを計算して毎月発表しているもので、陸上輸送についても指数が発表されています（下図参照）。

直近のものについては2015年1月から12月の運賃を「100」と置いた指数で発表されています。90年代以降、輸送コスト水準に大きな変化はありませんでしたが、2010年代後半以降、鉄道、トラック、宅配便ともに大きく運賃が上昇しています。

◎輸送商品の企業サービス価格指数の推移◎

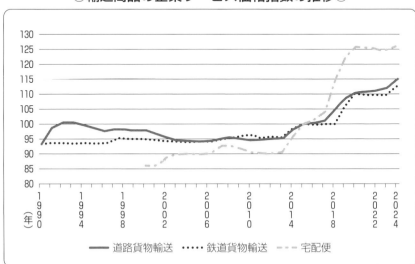

資料：日本銀行データより湯浅コンサルティング作成
（注）2015年の平均運賃を100とした指数。2024年は11月までの数値。

また、物流専門誌の「LOGI-BIZ」がロジスティクス・サポート＆パートナーズと共同で２年に１回、荷主企業と運送事業者に対して行なっているトラック実勢運賃調査があります。
　これによれば、**実勢運賃の相場は急上昇**しています。前回の2022年の調査では値上げは一巡したとの指摘があったのですが、コロナ禍による物量の減少もあったと思われます。今回は大きく変わりました。
　2024年調査では、「小幅値上げ」と「大幅値上げ」を合わせると８割以上の荷主が値上げを受け入れる結果となりました。直前の2022年調査と大きく傾向が異なっていますが、その前の2018年、2020年調査と比べるとかなり似通った傾向となっています。
　2022年はコロナ禍の真っ最中であり、物量も抑えられていたことから、値上げ要請を行なうタイミングがなく、例外的に他の年と異なる傾向になったものであり、大きな流れとしては2018年からずっと値上げせざるを得ない状況が続いているものと推測されます。
　なお、時間制運賃は安定して推移しているものの、運賃水準が低いことが指摘されています。

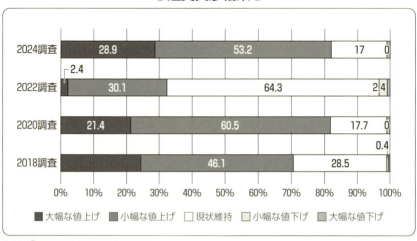

◎運賃交渉結果◎

資料：「LOGI-BIZ」2024年４月号

「標準的な運賃」はドライバーの待遇改善のため

　「標準的な運賃」とは、国交省が提示した、いわば令和版タリフ（運賃表）です。2020年4月に告示されました。

　発表当時は、荷主から「あまりにも高い」と評価されてしまいましたが、なんと物流事業者からも「高すぎる」との意見が出ていたのです。

　標準的な運賃の作成者である国交省によれば、この運賃は「ドライバーに対して全産業並みの賃金を支払うために必要な運賃」として試算されたものです。

　それが相場からかけ離れているとすれば、運送事業者においては、ドライバーに対して全産業並みの賃金が払えているのだろうかという疑問がわきます。

　標準的な運賃を収受せよとの声は国交省のみならず、トラック協会からも呼びかけられましたが、「一部、適用が進んだ」という声は聞こえたものの、大きなうねりとなることはないままでした。この原因としては、2020年初頭からのコロナ禍により経済活動が停滞し、輸送量が減少したことが大きいでしょう。

　ドライバー不足はいったん落ち着き、減った物量を確保する動きやむしろ取り合うという状態となり、運賃はむしろ引き下げられたというところもあったようです。

　コロナ禍により売上の落ちた荷主は多くありましたので、少しでもコストを引き下げようとする行動も、これまでの常識からすれば当然のことといえなくもありません。

　ところが、このような流れもあったなか、国交省は2024年3月、標準的な運賃の改定を発表しました。相場に近づけるために引き下げるなどではなく、8％の引き上げが行なわれたのです。さらに、待機や荷役についても料金の目安が示されました。

　これには荷主も物流事業者も驚きましたが、国の本気が見えたともいえます。

最初の標準的な運賃を発表した2020年以降、その運賃設定が功を奏しなかったのはコロナ禍という、いわば一時的な影響によるものでした。

　一方、ドライバー不足、作業者不足は今後、10年、20年という長さで影響が出ると見込まれています。短期的な影響に左右されることなく判断した結果、国交省では、運賃を引き上げ、料金も収受しないと、ドライバーに他業界と比較して競争力のある賃金を支払うことができないと考えたということがいえるでしょう。

　標準的な運賃の設定に関わる国の前提を考えれば、物流事業者はみな、標準的な運賃に近い水準の運賃・料金を収受し、ドライバーによい待遇を提供すべきということになります。

計算の根拠は「『適正な原価』＋『適正な利潤』」

　標準的な運賃の計算根拠は「『適正な原価』＋『適正な利潤』」です。適正な原価の中身は次ページのとおりです。

　人件費については、全産業平均単価を用いて計算しており、これはドライバーの賃金をこの水準まで引き上げることを目的とした「標準的な運賃」の重要なポイントです。

　他の費用については、実勢原価を使用して計算されており、車両費、運行費については地方運輸局ごとに計算されています。

　この計算構造を参考に、自社の費用で計算してみてもよいでしょう。年間稼働時間は週あたり40時間として2,086時間、年間走行距離は約7万キロと想定して計算されています。

　なお、「適正な原価」は年間1台当たりとなります。これに「適正な利潤」を加えるわけですが、会社の適正な利潤額を自己資本の10％とし、これをトラック1台あたりにすると総費用の2.72％になるという計算をしています。

◎時間あたり固定費等の計算方法

- 平均速度（約20～60km/h）を用いて、走行距離を時間に換算（時間を走行距離に換算）
- 点呼等30分および荷待ち時間（発着各30分）を時間に算入
- 実車率は50％（帰り荷なし）とする
- 距離帯（時間帯）ごとに、運行時間に時間あたり固定費を掛け合わせて固定費を、走行距離にキロあたり変動費を掛け合わせて変動費を算出し、合算

◎標準的な運賃（適正な原価）の計算根拠◎

項　目	計算根拠
人件費	全産業平均の単価
車両費	環境性能や安全基準の向上を踏まえた車両へ設備投資ができるよう償却年数を5年と設定
その他費用	任意保険料、関係諸税、借入金利息
間接費	一般管理費等
運行費	燃料費、タイヤ費等

人件費・車両費・その他費用・間接費：時間あたり固定費等
運行費：キロあたり変動費

資料：国土交通省

4-3 運送業界における多重下請け構造へのメス

問題視されているのは中抜きによる低運賃

　物流業界における構造的な課題として「**多重下請け構造**」があります。とくに、トラック運送事業において顕著に見られ、この構造の下層に位置づけられているトラック運送事業者は、低い運賃収入を強いられています。

　多重下請け構造とは、荷主から直接貨物の運送を依頼された運送事業者が、自社で運ばずに他社に委託するものですが、このときに、その委託された事業者も自社で運ばずに、さらに他社に委託するという形態が何度も繰り返されることを指しています。

　ここで荷主から直接貨物の運送を依頼された事業者を「**元請け**」といいます。元請けは、大手運送事業者であることが多いですが、大手でなくとも地場で存在感があり、荷主と直接取引できる営業力のある中堅の事業者であることも少なくありません。

　この多重下請け構造における最大の問題は、荷主から元請けが収受した運賃から、下請けに委託するたびに「手数料」といった名目で運賃から控除されてしまうことです。下請けへの委託が繰り返されると、最後に実際に運送を行なう事業者が収受できる運賃は相当に減額されてしまいます。この「ピンハネ」ともいうべき構造が問題視されているわけです。

　ちなみに、2023年の経済産業省・国土交通省・農林水産省によるアンケート調査では、下請けとなる運送事業者を利用する際に、約4分の3の事業者は受託金額の90％以上の水準で委託しているという結果です。この結果をどう読むかは別として、参考までに示しておくと次のとおりです。

【下請金額の割合】

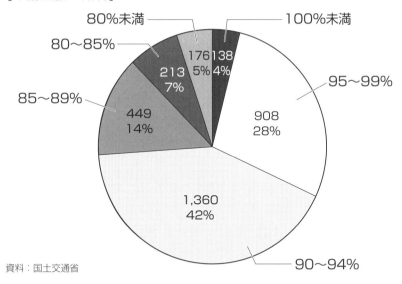

資料：国土交通省

　また、下請け構造は何次まであるのかということについては下図のような調査結果があります。中小事業者（資本金1,000万円以下）で不明分も含め3次請け以上が16％となっていますが、資本金の大きな企業の層（資本金1億～3億円）でも3次以上が18％あり、必ずしも規模のみに依拠した問題ではなさそうです。

【資本金別集計】

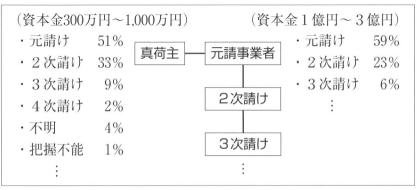

資料：国土交通省

このような構造は以前からあり、改善すべきとの声はあったものの、車両や貨物の融通として適切なレベルであればまったく問題ないという認識もあり、規制が難しい状態でした。

全日本トラック協会においても会員企業に対し「2階層までにしましょう」との呼びかけを行なっていましたが、「すべてが悪い」とは言い切れないため、大きな変化にはつながっていませんでした。

目的はドライバーの収入を増やすこと

1章で見たように、国はこのような多層構造にメスを入れようとしています。そのねらいは、実際に運送を行なった運送事業者に適正な運賃収入を確保させることにより、ドライバーの収入を増やすことです。最終的には、全産業平均並みまで賃金を引き上げることがめざされています。

この実現のため、先に見た「標準的な運賃」が検討されたわけですが、荷主と元請けの間でのみこの運賃が適用されても、そこから下請け業者には手数料を控除して委託するという形が続く限り、実際に運んでいるドライバーの収入増には結びつきません。

そこで、標準運送約款では、**「利用運送手数料（下請け手数料）」**という名目の料金の設定が新たに定められました。下請けを利用する場合、荷主から収受した運賃はその全額を下請け業者に支払い、その手数料として、たとえば運賃の10％を荷主から運賃とは別に収受することとされています。

これは、荷主と元請けとで契約していた運賃は、誰が運ぼうとも、実際に運送した事業者の収入となるべきである、という考えによるものです。

実際の運送委託をイメージすると、荷主と元請けが10万円で契約していた運送についてA社に運送委託した場合、元請けはA社に10万円を支払い、荷主に対しては**下請け手数料10％**を乗せて11万円を請求することになります。もし、A社がさらに別の運送事業者B社に運送を委託していたとすると、そこでも手数料が10％発生するの

で、荷主に請求される運賃は12万円となります。

　これまでの慣習どおりであれば、元請けはA社に対し、運賃の10万円から手数料等を差し引いた金額を支払い、A社からB社に対してはさらに手数料等が差し引かれていました。

　荷主の関知しない世界だったのですが、これからは、そうはいきません。自分の運送が下請けを多数利用する構造になっていた場合、手数料負担を荷主は強いられるわけです。

　そうなると、荷主は、委託している元請けが他の運送事業者を利用した場合、元請けから請求される費用に、運賃以外に「下請け手数料」が請求されることになります。荷主は当然、元請けに対し、その必要性、妥当性を確認することとなるでしょう。

　荷主としては、なぜ下請けを使うのか、使わないで済ますにはどうすればいいのか等の対策を講じることになります。また、あまり下請け依存度の高い元請けは委託を再考するという選択も出てきます。下請け利用の理由の1つに平時よりも荷物量が多い場合に下請を利用せざるをえないという波動がらみの問題が出るかもしれません。その場合は、荷主としては出荷量を平準化させるなどの対策を講じることになるでしょう。

　この下請け手数料が現実に適用され始めれば、荷主の物流にも大きな変化を与えることになると思います。

　なお、改正貨物自動車運送事業法により、元請け事業者は「**実運送体制管理簿**」（下表の例を参照）を作成する必要があり、荷主に求められればこれを提出しなければなりません。

日付	運送事業者名	請負階層	輸配送区間	荷物内容	車番
…	○○運送	1次	○工場→△DC	加工食品	…
…	△△運送	2次	○工場→■DC	加工食品	…
…	○△運送	3次	■工場→●DC	日用雑貨品	…
＊＊＊	＊	＊＊＊	＊＊＊		

4-4
トラックによる運び方の工夫 〜中継輸送〜

中継輸送とは

「中継輸送」とは、輸送の委託を受けた目的地まで運ぶのではなく、その途中の地点まで運び、他のドライバーにその後の輸送を託すことです。

同じ会社に所属するドライバー同士で中継されることはもちろん、グループ企業同士もありますし、まったく資本関係のない運送事業者同士での中継も行なわれています。

中継輸送は、以前から行なわれていましたが、ドライバーの長時間労働を削減する有効な手法として、最近とくに注目されています。遠距離の運送委託であっても、**ドライバーは日帰りできる運行計画を立てられることが大きなメリット**です。

国土交通省でも推進しており、取組事例集や実施の手引きをホームページで公開しています。

中継輸送のパターンは大きく次の3つに分けられます。
① **ドライバー交替方式**
② **トレーラー・トラクター方式**
③ **貨物積替え方式**

以下、2022年に改訂された国土交通省の「成功事例に学ぶ中継輸送成功の秘訣 中継輸送の取組事例集」をベースにそれぞれのポイントを紹介していきましょう。

【ドライバー交替方式】

　ドライバー交替方式は、ある地点でドライバーが交替し、貨物が載った車両はそれぞれ貨物の目的地まで行くものです。中継地で要する時間は短いため時間短縮効果が高く、新たな設備等も不要で多くの事業者で取り組みやすい方法といえます。

　ただし、他人の車であったり他社の車を運転することになるので、気を遣う点は多く発生すると思われますが、そのようなハードルを越えて実現されている事例も多数存在しています。

　ちなみに、ドライバー専門の情報サイトにおけるアンケートでは（回答数593人）、他人の車を運転することについて「まったく気にならない」という人が1割超、「嫌だけど我慢できる」が3割と、このような人たちはこのドライバー交替方式の中継輸送に対応できるといえますが、反対に「我慢できないので会社を変わる」と回答した人が57%と高い割合となっている点にも注目です。

　車両は会社のものなのだから他人の車に乗ることに文句を言うのはおかしいという考えも理解できますが、長時間一緒に過ごす車両はよき相棒であり、自分専用という認識であるがゆえに手入れを怠らず丁寧に利用する気持ちも尊重してよいと思います。

　ドライバー交替方式の課題が、ドライバーの気持ちにあることは否定できません。

　他社の車両と中継する場合には、保険の適用などの調整も必要になります。

　自社の車両が戻ってくるまで、うまく運行スケジュールが立てら

れるのかも課題の１つです。中継のパートナーとは丁寧な準備がされています。

【トレーラー・トラクター方式】

　中継拠点でトレーラーのヘッド交換をする方式です。
　この方式は、トレーラーを利用している事業者に限られることにはなりますが、ドライバー交替方式で発生するデメリットはほとんどないため、該当する事業者にはぜひ検討いただきたい方式といえます。
　中継地点を定め、ヘッドを交換するのみなので、数分で交換は実施できます。注意点としては、中継拠点において十分なスペースが必要になることや、交換の相手との連結が可能かどうか、事前に十分に確認しておくこと等があげられます。
　ドライバーは「けん引免許」が必要ですが、もし、スワップボディー車により、この中継方式を採用するのであれば、けん引免許は不要です。スワップボディー車は、車体が高額であることが指摘されていますが、このようなメリットはあるといえます。
　首都圏と関西を結ぶ長距離輸送について、静岡周辺に中継拠点を設けて輸送を２分割するパターンがよく見られますが、この方式では中継の負荷が少ないことから、長距離輸送を４分割するようなパターンも実施されています。

【貨物積替え方式】

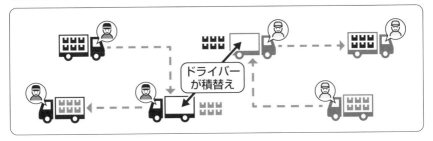

　これは、中継拠点で相手の車両に貨物を積み替え、元のエリアに戻っていく方式です。

　この方式のメリットは、日ごろ実施しているであろう拠点での積替え、クロスドックと同じであり、他の方式と比べて新しく発生する制約はほとんどないというところです。

　ただし、積替えが発生するので、中継拠点において問題なく積替えができるスペースや設備が必要になります。フォークリフトや荷役作業者も必要かもしれません。

　また、積替えの時間を短縮できるよう、パレット化等、荷役時間を節約するための工夫はぜひ行なっておきたいものです。

中継輸送のメリット

　中継輸送の最大のメリットはもちろん、取組みの目的でもある**ドライバーの長時間労働の削減**です。

　しかし、それ以外にも多くのメリットが、これまでに取り組んだ事業者から指摘されています。

　まず、ドライバーの就業環境の改善による**ドライバーの満足度の向上**があげられます。とくに若い層においては、「家に帰れる」「自宅で寝られる」ことのメリットを強く感じているようです。

　ドライバー不足の逼迫が想定される現状において、現在雇用しているドライバーの満足度を上げることは何より重要なことといえます。

また、基本的に日中の勤務になることで、女性や高齢者等に乗務の可能性を広げることができたという声もあります。採用の枠を広げることにより、**人員の安定確保**につながります。

　積替えを前提としてパレット化に取り組んだ事業者もあり、これにより全体としての作業時間の削減、荷役作業者の作業負荷の軽減につながったことも指摘されています。作業者の高齢化、人手不足も今後、深刻化していくことは確実であり、それに対応しておくことは重要でしょう。

　積替えを前提とすることにより日帰り運行がメインとなることから、**配車しやすくなった**という指摘もあります。

　中継を可能にする運行計画を立てることは苦労を伴うものと思われますが、いったん計画ができてしまえば、配車が容易になるなど、日頃の業務が楽になったという事業者もあります。計画的な運行ができているために1台あたりの積載率を向上させられたという声もあります。

　中継拠点を新たなサービスの拠点として活用した事例もあります。中継拠点で貨物をすべて積み替えることが発生するデメリットを逆手に取り、中継拠点発着の集配サービスを行なうこととしたものです。貨物の輸送区間のバリエーションが増え、新たな荷主の発掘につながっています。この場合、積替えはコストダウンのみならず収入の拡大にもつながったといえます。

荷主の協力も不可欠

　なお、中継輸送によりコストアップする部分については、運送事業者のみで負担するのではなく、荷主にも応分の負担を求めることも考えるべきです。

　このような交渉の際には、国土交通省のホームページで公開されている「トラック運送事業者のための価格交渉ノウハウ・ハンドブック」も参考になります。

　中継輸送を実施するため、荷主に発着時刻の調整やパレット化を

してもらった事業者もありました。

　国も指摘しているように、物流の効率化にあたっては荷主の姿勢、取り組みが非常に重要です。中継輸送は運送事業者同士の取り組みで実施できる場合もありますが、荷主の協力があれば、飛躍的に効率を向上させられることもあるので、ぜひ、運送事業者と共に取り組んでいただけければと思います。

　そのメリットは、自社の物流、自社の供給力を持続可能にできるという点で確実に自社に還元されてきます。

4-5 他の輸送モードも含めた運び方の工夫

船、鉄道なら１人でもっと運べる

　物流の現場に限らず、日本全体として忘れてはならないことは、**今後の人口の減少**です。なかでも、生産年齢人口と呼ばれる13～64歳の人口が急激に減っていくことには、どの企業もどの職種も影響を受けることになるので注意が必要です。

　人口減少の影響は、物流の現場においてはドライバーおよび作業者、さらに事務職についても人手不足という問題となって現われます。輸送現場でも作業現場でも事務所においても、生産性をとことん高めていくことが求められます。

　輸送の生産性を高めるということは、ドライバー１人あたりの輸送能力を高めるということになりますが、ここで輸送モードごとの差をみておきましょう。

　右ページ表のとおり、トラックを最大級に大きくしてもフルトレーラー満載で26ｔしか運べません。一方、鉄道は最大で26両の車両を連結できることから、650ｔの貨物を運べることになります。運行には運転士と車掌がいるため２で割るとしても、１人当たり輸送可能量は325ｔとなります。

　船舶については、平均的な船型のもので５～６名の船員で動かされていますので、輸送可能量を船員数で割って１人当たり320ｔとほぼ鉄道と同じ大量輸送が可能です。

　また、最近つくられる船は国の要請もあって大型化しており、必要な船員数は若干増えるものの、１人当たり輸送可能量は約1,000ｔ程度まで拡大できるようです。なお、船員数は目安で、業務量が多い場合には人数を増やすといった調整は行なわれます。

◎輸送モードごとの1人あたり輸送可能量◎

輸送モード	輸送可能量	1人あたり輸送可能量
内航船舶（※1）	1,600ｔ（499総トンの一般貨物船）／5人	320ｔ
（※2）	約12,000ｔ（大型コンテナ船）／12人	約1,000ｔ
鉄道	最大650ｔ／2人	325ｔ
25mフルトレーラー	最大26ｔ／1人	26ｔ
大型トラック	10ｔ／1人	10ｔ

（※1）資料：国土交通省海事局
（※2）資料：日本内航海運組合総連合会からの聴取内容より作成
鉄道：貨車1台に12ft（5t）コンテナ5個積載、最大26両連結

船、鉄道は長距離輸送に強い

　わが国の輸送分担率を「トンベース」でみるのと「トンキロベース」でみるのとでは、大きく異なる状態が見えてきます。トンキロベースとは、輸送されている重量と距離を掛け合わせた指標のことです。1トンの貨物を1km運んだ場合、「1トンキロ」と表現されます。

　トンベースでみるとトラックが9割を占めていましたが、トンキロベースでは船舶の割合が格段に大きくなります。これは船舶が長距離を運ぶことが多いためです。

　2022年度では、営業用トラックが49％（自家用トラックは7％）、次いで船舶が40％となっています。トンベースでは1％しかなかった鉄道も4％に上がってきます。

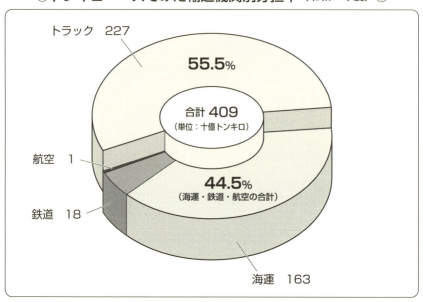

◎トンキロベースでみた輸送機関別分担率（令和4年度）◎

輸送モードを切り替える「モーダルシフト」

　トラックから鉄道、トラックから船舶へと輸送モードを切り替えることを「モーダルシフト」と呼びます。また、トラックからトレーラー、トラックからダブル連結トラックへと車両を替えるパターンについてもモーダルシフトの1パターンとされ、国土交通省による「モーダルシフト等推進事業」にも事例があげられています。

　モーダルシフトは、以前は環境負荷軽減を狙って行なわれるものでしたが、最近では、ドライバー不足を原因として行なわれることが多くなっています。

　モーダルシフトについては、およそ500km超の長距離輸送が対象になるというのが数年前までの「常識」でした。この距離を超えると、トラックよりも運賃が安くなることが多いという理由によるものでしたが、最近ではドライバー不足をきっかけとして、もう少し短い距離でのモーダルシフトも検討されるようになってきています。

たとえばネスレ日本では、200〜350kmの中距離輸送について鉄道コンテナ輸送に切り替え、毎日200t規模の運行を行なっています。

今後は、トラック運賃が高いから他へシフトするというわけではなく、トラックの供給が少ない（ドライバーがいない）ことを原因として、モーダルシフトを選択する動きが増えることになりそうです。

輸送距離帯別の輸送モード利用状況

下図は、国土交通省全国貨物純流動調査より作成されたものです。全国3日間で行なわれる調査ですが、およその傾向をつかむには有効だと思います。

自家用車両の利用割合は100km以下の層では2割近くありますが、それ以上の層では少なくなっています。しかし、物流危機を踏まえ、自家用車両の価値を再発見した企業もあり、今後は傾向が変わってくるかもしれません。

◎輸送距離帯別の輸送モード利用状況◎

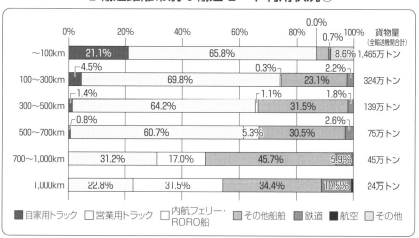

資料：国土交通省

500kmを超える場合、国としてはモーダルシフトを推奨してきており、モーダルシフト先進企業である味の素では500km以上の

幹線輸送については97%のモーダルシフトを完了させています。しかし、全体としては500〜700kmの層においても60%はトラックが利用されている状況です。

700km以上では鉄道、船舶の利用割合が大きくなっています。

輸送リードタイムの延長も許容されるように

モーダルシフトを行なう際、鉄道や船はトラックよりも輸送時間が長くかかることが多いため、輸送時間を1日または2日以上、長く確保してもらうことが必要になってきます。

輸送を依頼してから納入先に届けられるまでの時間を「**輸送リードタイム**」と呼びます。輸送リードタイムはトラックが最も早く、450〜500km程度までならだいたい「1日」で届きます。鉄道や船の場合、ルートにもよりますが、トラックよりは1日以上長くかかることがほとんどです。運航スケジュールによっては、さらに数日プラスする必要もあります。

貨物の出荷指示が出てから納品までに何日の輸送リードタイムが許容されるかは、物流事業者の問題ではなく、荷主の問題となります。メーカーの工場から物流拠点までの輸送であれば、社内の約束ごとになりますが、発荷主と着荷主とが別の会社の場合、納品条件を変更することが必要になるかもしれません。

このようなリードタイムの変更は、これまでの常識からすると「サービスレベルが下がった」ともとらえられかねないのですが、この常識は変わりつつあります。最近、リードタイムの延長に踏み切った荷主の物流担当者においては別の認識がされています。

リードタイムを変更せずに「早く届けられるようがんばりますが、届かないかもしれません」ではなく、「3日後ですが、確実に届きます」という約束をするようにしているのです。

顧客よりも強力な反対勢力といわれる社内の営業担当者においても「いつ届くかわからないよりは確実に届くほうがよい」という認識が広がっているということです。

環境問題の対応策としてのモーダルシフト

トラックと比較して鉄道や船舶は環境へ与える影響が小さいため、とくに大企業においては環境負荷低減を目的としてモーダルシフトを進めることも多くなっています。

下図は輸送1トンキロあたりのCO_2排出量を輸送モード別にみたものです。営業用貨物車は、つまりトラックですが、1トンキロあたり208g-CO_2/トンkmの排出量となっています。

トラックとその他とでは同じだけの輸送を行なっても、CO_2排出量に大きな差があることがわかります。

船舶は、トラックと比べて5分の1のCO_2しか排出していません。鉄道はさらに少なく、営業用トラックのほぼ10分の1のCO_2しか排出しません。モーダルシフトを実施すれば、大きな環境負荷低減の効果が得られることがわかります。

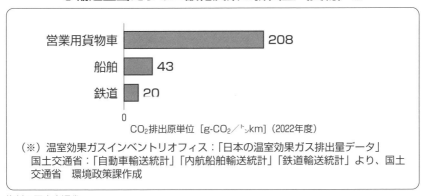

◎輸送量当たりの二酸化炭素の排出量(貨物)◎

(※) 温室効果ガスインベントリオフィス:「日本の温室効果ガス排出量データ」
国土交通省:「自動車輸送統計」「内航船舶輸送統計」「鉄道輸送統計」より、国土交通省 環境政策課作成

資料:国土交通省

冷蔵・冷凍品、精密機器も運べる

モーダルシフトを検討する際、「自社の貨物を鉄道や船で運べるとは思わなかった」という荷主に出会うことがあります。結論から

いえば、ほとんどの貨物は鉄道でも船でも運ぶ方法があるといえます。

ただし、輸送時の振動等については、トラックと輸送品質について差があると指摘されることはあります。鉄道では貨車に積み込む際、取り下ろす際のフォークリフトによる荷役の振動が課題となり、損傷や包装のスレの発生などが指摘されています。精密機器等の輸送については事前に十分な検証が必要です。

解決に向けて方法がないわけではなく、鉄道コンテナ輸送でも31ftコンテナを利用すれば、貨車への荷役が変わるため、損傷等に関わる輸送品質は大きく向上します。

また、(公社)全国通運連盟において鉄道コンテナ輸送を拡大させるため、初めて鉄道コンテナ輸送を利用する荷主に対し、格安で実験輸送ができるキャンペーンが展開されています。まずはこれを利用して品質を確認するということも可能です。

一方で冷凍、冷蔵品については、定温輸送コンテナが開発されており、食品はもちろん医薬品のような厳重な温度管理が必要な輸送についても、モーダルシフトが実施できる環境が整いつつあります。

モーダルシフトの実施方法

これまでトラックを活用していたという荷主がモーダルシフトを検討する場合には、鉄道であれば通運事業者、船舶であればフェリーやＲＯＲＯ船（ろーろーせん：トラックやトレーラーが自走で船に乗り込み、貨物を積載したまま運搬できる貨物用の船舶）を運航している内航海運業者に運送を委託することになります。

通運事業者とは、発荷主の倉庫から鉄道の駅まで貨物を運んだり、駅から着荷主の倉庫へ貨物を届けてくれる事業者のことです。日本通運のような全国的な事業者のほか、地元の貨物駅に密着したサービスを行なっている事業者があります。通運事業者を探す際には、全国通運連盟のホームページで調べる方法もありますが、貨物列車を運行している日本貨物鉄道株式会社（略称「ＪＲ貨物」）でも適

した事業者を紹介してもらえます。

　一方、船舶へのモーダルシフトを検討したい際には、自社の運行を委託しているトラック運送事業者に、まずは打診してみるのが早道かと思われます。船舶へのモーダルシフトは、トラックをフェリーに載せてドライバーごと船で運んでもらうか、トレーラーで船に運び込み、荷台部分のみ船に載せる、というパターンが一般的です。

より大きな効果を実現するために

　モーダルシフトを行なっても、片荷（片道しか貨物がない）では効果を最大にすることはできません。自社の荷物では片荷になってしまうという場合、往路は自社の貨物、復路は他社の貨物を載せるようにすれば、ムダのない輸送が可能になります。

　コストダウンと共に環境負荷軽減という意味でも、大きな効果を発揮します。モーダルシフトと併せて、このように共同運行を行なっている例はすでに多数存在しています。最近注目されたのは、花王とライオンとで往路、復路を共同で利用しているパターンです。このような誰もが知る"ライバル企業"であっても、物流は協業していこうという動きが出ているのです。

　また、3社でモーダルシフトを行ない、より高い効果をあげた例もあります（次ページ参照）。キユーピー、サンスター、ＪＰＲ（日本パレットレンタル）の3社で実施されたものですが、モーダルシフトと併せて共同輸送も実施し、積載率を究極的に高めています。

　まず、関西でキユーピーとサンスターの製品をトレーラーに混載します。キユーピーの貨物は重量勝ち、サンスターの貨物は容積勝ちなので、混載することで、自社のみでは不可能な積載率を達成できるのです。トレーラーは16km走って泉大津港まで輸送し、船に載せることで、これまでは関西から九州まで長距離の陸送が発生していましたが、これを大幅に短縮することができています。

　到着地では港から各社の物流拠点へ陸送し、帰りにはＪＰＲのデポから空パレットを積載して港へと陸送します。これまでは3社が

それぞれトラックを片荷で運ばせていたのを、車両の大型化と共にほぼ1台で輸送を実現できたことになります。

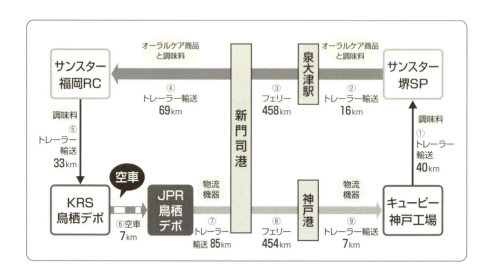

📦 あらゆる場面で検討されている運転の自動化

　運転者がいなくても運べるようにする、という解決方法が**自動運転**です。物流におけるあらゆる場面で導入が検討されています。

　身近なところからいえば、家庭やオフィスへの配送を自動化する配送ロボットがあります。歩道を人と同様のスピードで走ります。

　高速道路におけるトラックの自動運転もあります。無人で走行できるレベル4が実現できれば、物流業界にとって救世主になるともいわれています。実証実験も実施され、現実味を帯びてきています。

　高速道路に設置する自動物流道の実現も期待されます。需要の多い東京〜大阪間で高速道路の路肩や中央分離帯、地下などに物流専用の空間を設け、荷物を積んだカートを時速30キロ程度で自動運転させる構想です。

　いずれもインフラや情報システム、法整備等、課題は多くありますが、トラックドライバー不足対策として期待される取り組みです。

5章

物流拠点のあるべき姿を考える

1　物流拠点のミッションとその変化 ……………………… 120
2　トラックを待たせないように倉庫作業を計画する …… 123
3　【YKK APの取り組み】
　　トラックへの積み方をシステムで計画する ………… 129
4　【トラスコ中山の取り組み】
　　多品種少量のモノを「置ききる」 …………………… 135
5　「瞬発力」から「計画力」へ。
　　これからの物流センター管理の要点 ………………… 141

執筆◎内田 明美子

5-1 物流拠点のミッションとその変化

多品種少量、納期厳守、トラックを待たせない

「消費者ニーズの多様化に対応した多品種少量の生産の合理化等に伴い、物流も小口高頻度化、到着時間指定等質的に変化し（中略）、高速性、定時性が確保された質の高いサービスを提供する高度な物流システムの形成が求められる」

この文章は、1987年（昭和62年）6月に、当時の国土庁（2001年の国土交通省発足に伴い統合）が出した「第四次全国総合開発計画（四全総）」からの抜粋です。

物流拠点に求められるものは、当時もいまも基本的には変わりません。限られた納期を守ってお客様に確実にモノを届けるために、**「多品種少量のモノを置ききること」**と**「迅速に出荷すること」**は、物流拠点管理の二大テーマです。

近年、これに「トラックを待たせない」という3つめのテーマが加わっています。多品種少量と納期への対応は企業の経営上の課題ですが、「待たせない」はドライバー不足対応を迫られるなかで新たに発生した社会的な課題といえます。

最初にこの3つのテーマについて、最近の動きを整理しておきましょう。

多品種少量への対応ニーズはこれからも続く

多品種少量について、メーカーの戦略としてはこれを見直す動きもみられます。日本経済新聞社のデータサービスである日経ＰＯＳに登録された「食品」カテゴリーの品目数は、2012年から17年までの間は10万品目を超えていましたが、18年に9万品目を割り込み、22年には約7万4,300品目まで減りました。5年間で約3割減少し

たわけです。

ただし、カテゴリー内の商品が絞り込まれても、物流拠点に置く商品の品目数も減るとは限りません。取扱いカテゴリーが広がれば品目数は増えますし、期間限定や地域限定など売り方を限定する商品が増えたり、消費期限の管理を要する商品が増えたりすれば、これも品目増につながります。

「多品種少量の商品を置ききること」は、物流拠点にこれからも求められる課題と考えてよさそうです。

「翌日納品」は見直す動きがある

納期については、これまで一貫して「納期短縮」が求められてきた方向に変化がみられることは、物流拠点管理の前提条件の変化として重要です。

たとえば、「あらゆるものを翌日に」というこれまでの商慣行が明らかに変わろうとしています。ここで生じる1日の猶予は、物流拠点の作業設計のあり方を大きく変える可能性をもっています。

これまでは「注文されたものを出荷する」という注文起点の作業でしたが、1日の余裕があれば、その間に配車と荷物の積み方を確定し、出荷作業はその「完成予想図」からさかのぼる形で組み立てるという「積込み起点」の作業に変えていける可能性があるのです。

詳しくはこのあと、事例のなかで解説していきます。

トラックを待たせないための取り組み

トラックを待たせないことについては、国の新しい法律で5年間の「中長期計画」を立てて取り組むことが求められています。たしかにこのテーマは、倉庫作業全体の見直しに広げていきやすい課題であり、じっくり腰を据えて取り組む価値があります。

取り組みの突破口としては、トラックが接車して荷下ろしや積込みが行なわれる「トラックバース」のスペースを計画的に使う必要があることはいうまでもなく、このためにアプリでバース利用時間

を予約する「**バース予約システム**」の活用が推奨されています。

　しかし、これだけでは対策として十分ではありません。バースへのトラック到着計画に、倉庫側の作業を連動させるしくみが必要です。予定時刻に「荷物が揃っていない（出庫）」「前のトラックが下ろした荷物の格納が終わっていない（入庫）」といった問題が発生すれば、予定どおりに積み下ろしを開始することはできないからです。

　さらに、短時間で積込みができるように荷物をパレットやかご車に載せたままトラックに積むこと、出荷時は手順よく積み込めるように荷物を揃えておくこと、入荷時は検品や積み替えの作業を極力省力化すること、長時間待機の原因となる繁忙日の入荷・出荷集中を平準化することなども、取り組むべきテーマに入ってきます。

　以降、これらのテーマに対する具体的な取り組みをみていくこととします。

5-2 トラックを待たせないように倉庫作業を計画する

待機が発生してしまう2つの問題

　自動車部材メーカーのA社は、2010年前後から将来に向けたトラック輸送力不足を強く懸念して、「トラックを待たせない活動」に取り組んできました。

　当初から配車時に工場へのトラック到着時刻を指定していましたが、指定時刻と実際の積込み開始時刻にはギャップがあり、日常的に30分程度から最大240分の遅延が発生していました。

　ここには2つの問題がありました。1つは、配車時のトラック到着時刻が「1台当たり3時間」のような一定枠で指定されており、実際の積込み所要時間を踏まえていないために、前の車で時間超過すると累積で遅れていくこと、もう1つは、バースは空いていてトラックも到着しているが、荷物が出てきていないために積込みできない「空き時間」が発生していることでした。

積込み所要時間を計画する

　所要時間を読むためには、作業の内容を構造的に整理する必要があります。簡単にいえば、積込み作業の「1パレットあたり所要時間」を設定し、これにパレット枚数をかけ算する。これで、所要時間を計算できます。

　ただし、単純にパレット枚数だけでは所要時間を読みきれないという部分があります。A社の場合も、メーカーとして積込み時点で製品を最終チェックする「出荷時立合い検査」が必要で、積込み所要時間にはこの検査時間が含まれます。同じ1パレットでもサイズの小さい製品がたくさん載っていれば検査に時間がかかり、また、チェック項目の多い特別装備の製品もあります。出荷品目によって

検査時間に差が出るわけです。さらに、トラックにパレットのまま積むものと「ばら」で積むものが混ざっており、当然ながら、ばら積みが多いほど時間がかかります。

所要時間計画に物流ＡＢＣが役に立つ

ここでの整理には、物流コスト管理の技法である「物流ＡＢＣ」（Activity Based Costing）の作業のとらえ方が役立ちます。物流ＡＢＣでは、作業の実態をアクティビティごとの「時間」と「処理量」でとらえます。積込み作業を「通常品検査」「特装品検査」「パレット積込み」「ばら積込み」といったアクティビティに整理し、各アクティビティの平均的な「1処理あたり時間」を把握しておけば、アクティビティ「1処理あたり時間×処理量」の計算で所要時間がわかるわけです。

ここでポイントとなるのは、所要時間にうまく比例するように、かつ、過度な精密さは求めずおよその時間を見積もれるようにアク

◎「積込み所要時間」を計画する◎

1）積込み作業（アクティビティ）の1処理あたり時間

トラックバース作業	1処理あたり時間※
① パレットをバースに並べる	1.5分/パレット
② 出荷時立合い検査（通常品）	0.2分/個
③ 出荷時立合い検査（特装品）	0.5分/個
④ トラック積込み（パレット積み）	3分/パレット
⑤ トラック積込み（バラ積み）	20分/1パレット分

※数字は例示。実際の値とは異なる

過去実績、作業観察から設定

2）明日の処理量　予定

車番	積込み内容（処理量）
#1	24パレット、全てパレット積み　製品250個、うち特装品50
#2	20パレット、うちパレット積み16　製品250個、うち特装品150
…	

3）明日の積込み所要時間計算…1×2

	1処理あたり時間	車別処理量 #1	#2		所要時間(分) #1	#2
①	1.5分	24パレット	20		36	30
②	0.2分	200個	100	=	40	20
③	0.5分	50個	150		25	75
④	3分	24パレット	16		72	48
⑤	20分	0パレット分	4		0	80
					173	253

計画

車番	積込所要時間
#1	173分
#2	253分
…	

ティビティと処理量を設定することです。処理量は実務のなかで把握しやすい値をとることも重要です。

A社の例でいえば、検査は処理量をパレット数ではなく製品個数とし、ただしチェック項目の違いは「特に時間のかかるものを特装品」と「それ以外は通常品」の2区分としました。

また、ばら積みは、製品個数を処理量にすると「どの製品をばら積みするか」を調べなければならないので、パレットを処理量にし、「出庫パレット枚数（概算）」と「パレットのまま積める枚数」の差をとって、ばら積みがおよそ何パレット分あるかをとらえるという簡便法を工夫しました。

なお、アクティビティごとに計算した時間の合計は、検査や積込みを1人（同時作業なし）で行なう場合の所要時間です。実際の所要時間は、各アクティビティに2人配置すれば半分、3人配置すれ

◎トラックバース利用計画の進化◎

ステップ1　1枠一律3時間

ステップ2　1枠ごとに計画した積込み所要時間

ステップ3　「1枠原則1時間」を実現

ば1/3になり、また、検査と積込みを同時並行で作業できればタイムテーブル上の所要時間は縮まります。

　A社でもパレットを全部並べてから検査し、検査完了後に積み込んでいましたが、取り組みのなかで、4パレットずつ並べて検査し、終わった分から積み込んでいく手順に変更しました。ばら積み作業もかご車を使って時間短縮を図り、最終的に「原則、1台の積込みは1時間以内で終わらせる体制」を実現しました。

　つまり、A社のトラックバース利用計画は「1枠一律3時間」から「1枠ごとに計画した積込み所要時間」へ、そして最終的に「1枠1時間」へというステップを踏んで、進化していったわけです。

📦 倉庫作業はトラック到着時刻からさかのぼって行なう

　もう1つの問題である「荷物が予定時刻に出てこないこと」の解決にも、物流ABCによる作業計画が有効です。「大物ピッキング」「普通品ピッキング」「搬送」のように製品出庫作業をアクティビティごとに整理し、1処理あたりの時間を設定して処理量を掛ければ、のべ所要時間を計算できます。

◎トラック到着からさかのぼって出荷作業を計画する◎

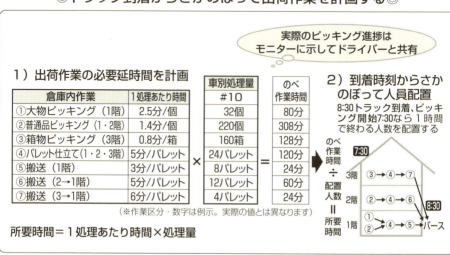

ここで求められるのは、「トラックの到着時刻に合わせて荷物を揃える」という計画的な作業管理です。A社は「トラック到着の1時間前（原則）に出荷作業を開始して、間に合うように人を配置する」という作業計画の立て方を採用しました。注文を受けた順に出荷作業するというこれまでのやり方を、トラック到着時刻からさかのぼって作業する方式に転換したわけです。

中長期の計画で倉庫作業を変える

　A社の取り組みは、一朝一夕に効果をあげたわけではありません。「1処理あたり時間」の設定には、実績値を蓄積する必要がありますし、作業方式の変更、とくに「トラック到着の1時間前に出荷作業を始める」というのは倉庫作業全体の組み立てを変える大きな変革です。時間をかけて準備して、段階的に行なわないと現場に混乱をきたしますし、取り組みが中途半端だと、結局、元に戻ってしまうことになりそうです。

　A社でも「到着から15分以内の積込み開始比率98％以上」の達成には、最初に取り組んだ拠点で着手から5年を要しました。取り組みはいまも継続し、他の拠点にも展開されています。

　トラックを待たせない取り組みについて、国が5年間の「中長期計画」の提出を求めているのは前述のとおりです。トラックを起点として倉庫作業全体を変革するチャンスととらえて、じっくり取り組みたいところです。

本来、合理的な「積込み起点」の作業手順

　A社が取り組んだ「トラックの到着時刻からさかのぼって出荷作業を行なう」という「積込み起点」の作業の組み立て方は、トラックを待たせないための改善策というだけでなく、本来的な物流拠点の作業手順として合理的なものです。

　現状、多くの物流拠点の作業手順は積込み起点ではなく「受注起点」です。つまり、注文を受けた順で出荷作業をして仮置きしてお

き、これをトラック別に仕分けて荷造りをし、さらにバースで積込み順に並べ替えて積み込むという作業手順がとられています。仮置き、仕分け、並べ替えが当たり前のように行なわれているわけですが、これらは作業のゴールが見えている「積込み起点」の作業ならばなくせる可能性があります。その意味では、「受注起点」は決して合理的な手順とはいえません。

非合理な「受注起点」手順が採用される２つの理由

　それでも「受注起点」が多く採用されている理由は、１つは「当日出荷・翌日納品」の原則があるからです。Ａ社の事例では、工場から物流センターへの出荷なので、出荷作業開始時に配車が確定していますが、当日出荷であれば出荷作業と配車、荷揃え、積込みはすべて同時進行です。この場合、「注文を受けた順で出荷して仮置き」の手順しか選択できないわけです。

　さらにもう１つ、問題があります。作業のゴールとなる「荷姿と積込み順」の決定プロセスがあいまいで、決定結果を共有するしくみもないという問題です。作業の完成予想図という言葉を使いましたが、実際には完成状態は可視化されていません。現場の作業者とドライバーが「暗黙知」にもとづいて作業しており、記録も残されていないのが普通なのです。

荷姿・積込み順の可視化は積載率向上にも重要

　荷姿と積込み状態の可視化は、ドライバー不足対応の施策である「積載率の向上」の視点からも求められているテーマです。可視化のめざすところは、積込みの際に荷姿をどのように整え、どの順番で積むのがよいかという「暗黙知」の部分に踏み込み、システムで出す最適解を現場の作業に反映させていくことです。

　ここで、荷姿と積込みについてその決定プロセスまで踏み込んで可視化・システム化し、積載率と作業効率を大きく改善したＹＫＫＡＰ社の取り組み事例を、次項で詳しく紹介したいと思います。

5-3 【YKK APの取り組み】
トラックへの積み方をシステムで計画する

出発点は「パレット化」で低下した積載率の復元

　ＹＫＫ　ＡＰ社は住宅用窓・サッシのトップメーカーで、取扱製品の形状は細かい部品から大物、長尺物まで多岐にわたります。ＹＫＫ　ＡＰ社の「トラックへの積み方の改革」は、2015年に窓枠やエクステリアなどを構成するノックダウン材（段ボール包装）の工場からの出荷を、ばら積みからパレット積みに変更したことに端を発します。

　ノックダウン材のばら積みは重労働で時間がかかるうえに、スキルを要し、作業できる人が限られる業務です。この時点で「撤退したい」と宣言する運送会社もあり、ＹＫＫ　ＡＰ社はこのままでは将来運べなくなると判断して、パレット化を決断しました。

　パレット化によってトラックの積載率は大きく下がりました。これまで１台に５トン積んでいたものが平均2.6トンとなり、トラックの台数が増えて輸送コストも上がりました。

なぜパレットに積むとすき間ができてしまうのか

　この問題に対処するためにＹＫＫ　ＡＰが行なったのは、トラックに積む作業を、荷物をパレット上に揃えるところから皆でじっくりと見て、すき間ができてしまう過程を観察することでした。

　ばら積み時代の積込みは、工場の各所から集品した荷物を積込み場の作業者が大きさを揃えて整理しながら、すき間が発生しないように組み合わせて積んでいました。

　パレット積みにしても、すき間をなくすための方策は本来同じで、荷物の大きさをなるべく揃えて「四角く」荷造りをすることです。ただ、すべての荷物を積込み場に集めた後にパレタイズするのは効

◎技術ですき間を最小化するプロジェクト◎

【取組み前】ばら積み→パレット積みの移行で積載率が40％ダウン

ばら積み　　　　　　　　　パレット積み

【めざすもの】「パレット化してもすき間なし」の積み込みを実現する

すき間なしのパレット積み

率的ではなく、積込み場のスペースも足りません。集品しながらパレットに積んでいくので、ここで大きさを揃えるのは限界があり、どうしても凸凹のすき間が生じてしまうのでした。

技術ですき間を最小化する

　積込み作業を皆で観察する際には、工場の物流管理部門のメンバーの他に、本社ロジスティクス部に所属するＩＴや生産機械、マテハン機器設計に専門知識をもつ技術者が集まりました。ＣＡＤ（Computer Aided Design）を使って製品の図面を描く技術者の目で見れば、パレット上のすき間を図面化することも、すき間を最小化する積み方をシミュレーションすることも、技術的には十分可能です。

ここから、「技術ですき間を最小化するプロジェクト」が始まりました。プロジェクトチームには社内の技術者のほかに、ＯＲ（オペレーションズリサーチ）の技法を用いて最もムダのない空間活用プランを作成するしくみをもつ株式会社構造計画研究所のメンバーが参加しました。

　出荷において最小化したいすき間には「パレット上の凹凸」と「トラックの車室内で生じるすき間」の２つがあります。最終的にはトラックの車室にすき間なく積むことが目的なのはいうまでもありません。

　まず「パレット上の凹凸」をなくすために、「荷姿」をユニット化することに取り組みました。標準パレット（１×２ｍ）に四角く積み合わせた際の長辺のはみだし具合について、【２（ｍ＝はみ出しなし）】から最大【6.5】の10種類に区分しました。次いで、「車室内のすき間」をなくすために、この10種類の四角を10tトラックにすき間なく積み合わせる基本パターンを108通りに設定しました。

　この設定をベースとして、出荷品を組み合わせてパレットを荷造りし、トラックにすき間なく積み付ける最適プランを作成する「パレット・トラック積み付け最適化システムY-Caps」（YKK AP Computer aided palletizing system）が構築されました（次ページ参照）。

　Y-Capsの導入でトラックへの積み方を決定するプロセスが明確にされたうえに、空いている「すき間」も見える化されました。これは、計画段階でトラックの台数を抑えようとして「あふれ」が出る場合に、さらに積み合わせを工夫して台数を増やさずに乗り切るという検討場面で有効でした。

　実際にすき間を活用しようとする工夫の一環で、たとえば低床車は荷台の高さ方向が高くなっている分、空間が開いてしまっていたのですが、パレットに側板を取り付けて高さを活用する「スマートパレット」が考案され、導入が実現しました。

◎パレット・トラック積み付け最適化システムY-Caps◎

① パレットへの積み付けを計画
　　：出荷情報を「ユニット（全10種類）」に整理

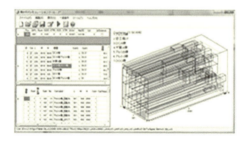

② トラックへの積み付けを計画
　　：基本パターン全108通りを元にポジション決定

　一連の取り組みの成果として、ＹＫＫ　ＡＰ社はパレット化と高積載率を両立し、ばら積み時代と同じ「１台あたり５t」の積載を復元することができました。

「完成予想図」に向かって出荷作業を行なう体制が実現

　Y-Capsは、積載率確保を目的としてつくられたシステムですが、ここで筆者が注目したいのは、システムが作成した積み付けプランを出荷集品指示に展開するしくみをもっていることです。システムによって出荷作業の「完成予想図」が描かれ、ここに向かって出荷作業を行なうという体制ができたことになります。
　ＹＫＫ　ＡＰの場合、紹介した取り組みの主対象は工場で受注生

産される製品の出荷であり、集品作業は工場内の異なる場所から異なるタイミングで、ラインアウトされるものを集めなければなりません。

製品の形状の多様性とあわせて、製造のタイミングと場所が制約条件となり、これらを踏まえて「すき間最小」の積み合せプランをつくり、出荷作業に展開するのは難易度の高い内容です。実現するにはオリジナルのシステム開発が必須でした。

もし、在庫品を保管場所から出荷するという通常の形態であれば、配車時に積込み時の荷姿を計画することの難易度は下がるでしょう。実際のところ、すでに複数の汎用的な積み付け支援システムが上市されています。

◎一般向け積み付けプラン作成支援システム◎

サービス小分類	サービス名	提供会社名	サービスのポイント
積付管理システム	NeLOSS	NEXT Logistics Japan 株式会社	●荷主からの荷物情報および物流事業者からの運行情報をもとに、量子コンピュータ・AIを用いて最適な割付・積付を計画・提案。
積付管理システム	バンニングマスター	ネットロックシステム株式会社	●トラックだけではなく、パレットやカゴ車等の容積率計算にもとづき、混載時や、重量・作業効率を考慮した積付の最適化等が可能。
積載率可視化システム	NEC 3次元積載量可視化ソフトウェア	日本電気通信システム株式会社	●3Dセンサ映像をもとにした容積積載量可視化ソフトウェア。 ●バースにおける積込中の容積積載率および倉庫内の占有率の可視化等の用途で有効。

(出所) 荷主・物流事業者のための物流効率化に資する「物流デジタルサービス」事例集
経済産業省令和5年度流通・物流の効率化・付加価値創出に係る基盤構築事業(「物流の2024年問題」等に対応した物流効率化推進に関する調査研究)

こうしたシステムも活用して積込みが計画化できれば、この計画からさかのぼって出荷作業を組み立て、「仮置き」や「仕分け」「並べ替え」を最小化することも、既存のシステムとの連携でできる可能性がありそうです。
　今後、「翌々日配送」以上のリードタイムを獲得した物流拠点には、そのメリットを活かすうえで一度は「さかのぼり出荷」の導入を検討すべきだと、筆者は考えています。

5-4 【トラスコ中山の取り組み】

多品種少量のモノを「置ききる」

モノを置ききる取り組みの先進事例

　トラスコ中山は、工場や建設現場などに作業工具、測定工具、切削工具、作業用品、消耗品などの「道具」を供給する、年商2,681億円（2023年）の専門商社です。

　「在庫は成長のエネルギー」として取扱いアイテムを増やすとともに、「即納」を重視しているので「売れ筋以外の商品であってもできる限り在庫を持つ」という方針を打ち出しています。

　首都圏エリアの旗艦センターであるプラネット埼玉（幸手市、2018年開設）は61万アイテムにおよぶ在庫を保有し、2026年開設予定のプラネット愛知には100万アイテムを置くと発表しています。

　トラスコ中山の在庫政策はかなりユニークで、わが社とは違うなと思われる読者も多いことでしょう。それでも、今後も物流拠点は「多品種少量対応」から逃れがたく、在庫が置ききれなくなることは物流拠点の共通の悩みであり続けると考えられます。

　そこでここでは、主に「**モノを置ききる**」という視点から、プラネット埼玉の先進的な工夫を紹介していきたいと思います。

6種類の保管機器に61万アイテムを配置する

　プラネット埼玉は、ワンフロア約3,000坪×4階建ての建物で、各階×東西8エリアのうち7エリアを占める保管スペースには、保管機器として4種類の自動倉庫と2種類の棚が設置されています。

　自動倉庫は最新型のものとして、2.5mの棚が作業者のところに自走してくる「バトラー」と、通路なしでルービックキューブのような形状に高密度に積み上げられたコンテナ（ビン）をロボットが掘り出してくる「オートストア」の2つがあり、残りは従来型の、

◎トラスコ中山の物流センター「プラネット埼玉」◎

(2024年12月現在)

◆ 基本情報
2018年10月開設
地上4階　建て延べ床面積12,915坪
投資金額約　200億円
(土地建物152億円、自動化機器33億円、システム他17億円)
在庫　約61万アイテム
人員　234名
入出荷能力（実績値）　出荷　20,000行/日　入荷　7000行/日

◆ 保管機器の全容　①〜④は自動倉庫、⑤⑥は通常のラック

	西		東
4F	⑥パレット棚（可動式）	②オートストア（高密度ロボット収納）【中物-1】	④パレット自動倉庫【大物】
3F	⑤平棚（中軽量）		平棚（中軽量）
2F	平棚（中軽量）	③バトラー（自走式棚ロボット）【中物-2】	
1F	①バケット自動倉庫【小小・小物】	(作業エリア)	

◎プラネット埼玉の6つの保管機器◎

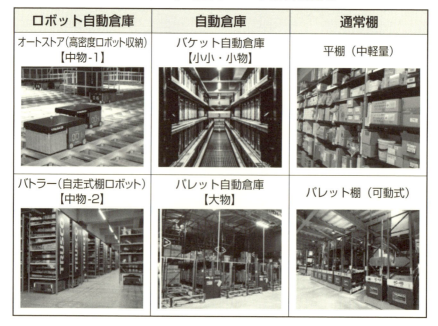

136

堅牢な高層棚にクレーンがついたバケット自動倉庫（小物用）とパレット自動倉庫です。

棚は中軽量品用の平棚のエリアが3つ、大物用パレット棚のエリアが1つで、床面積でいえば、この「棚エリア」が保管スペースの約半分を占めます。棚エリアでは、基本的に従来どおり、作業者が台車やフォークリフトを使ってピッキングを行なっています。

入庫ルールが生命線となるフリーロケーション方式を採用

ここで紹介したいのは、これらの6種類の保管機器をどのように使い分けてモノが置かれているかということです。

プラネット埼玉の保管は、基本的に「フリーロケーション方式」で、商品で置き場所を固定せず、同じ商品でも入庫のつど別の場所に置かれます。

フリーロケーションは、モノが出荷されて生じるすき間に別のものを置いて有効活用できるという点で、保管効率を高められる管理方式です。

一方で、フリーロケーションで「その商品が適した場所に置かれている」という状態をキープするのは、固定ロケーションの場合よりも大変です。しっかりしたルールにもとづいて、入庫品と空きロケーションをマッチングし、入庫場所を誘導するしくみが不可欠になります。

適切な誘導なしで、人が空いている場所を探して入庫しているフリーロケーションの倉庫では、入出庫の作業性が悪くなるうえ、サイズの合うロケを探せなければ結局、すき間が空いてしまいます。

固定ロケーションなら、「ロケーションの見直し」による効率改善が可能ですが、フリーロケーションでは、一度置いた場所の事後的な改善は困難であり、入庫時の誘導が管理上の生命線となるのです。

プラネット埼玉の入庫誘導ルール

　プラネット埼玉は、倉庫が基本的にフリーロケーション方式なので、庫内で高密度にモノを置き、かつ、入荷から格納への効率とスピードを確保する入庫誘導のしくみの構築には、かねてから力を注いできました。

　開設当初から、商品が入荷したらどの保管機器に入れるかは、ルールにもとづいて自動的に判定される体制をとっています。

　その判定の基本ルールを下図に示しました。商品は主に「商品サイズ」と「出荷頻度」「格納場所の容積」の3軸で区分されます。

◎プラネット埼玉の入庫ルール◎

【サイズ×頻度で倉庫の使い分けを決定】

サイズ区分		頻度ランク A 超高頻度	B 高頻度	CD 中頻度	EF 低頻度
	小小物 小物	①バケット自動倉庫 バケットサイズ　幅67×奥行34×16(小小)・30(小)cm			平棚 上段
	中物-1 (小バケ)	②オートストア ビンサイズ　65×45×33 cm		平棚	
	中物-2 (大バケ)	⑤平棚		③バトラー 専用棚サイズ　1m×1m×2.4m	
	中物-3 (平棚)				
	大物	1/2PL以下 ④パレット自動倉庫			
		1PLまで　パレット自動倉庫		パレット棚	
		1PL超　⑥パレット棚			
	特大物	パレット棚			

【サイズ区分】

容器	配置商品サイズ(ユニットサイズ)の閾値	自動倉庫投入上限※1
	小小物 小物	幅149×奥行118×高さ66mm以下 263×149×66mm以下	バケット小小1/2分 バケット小1/2分
	中物-1 (小バケ)	300×200×150mm以下1/8ビン分	オートストア 2ビン分
	中物-2 (大バケ)	450×430×240mm以下 バトラー棚　5段・2列・片面の半分	バトラー 1/10棚分
棚	中-物-3(平棚)	500×450×440mm以下	50,000cm³
	大物	600×600×600mm以下	1PLまで
	特大	1100×1100×1000mm以下	―
	定型外	上記以外	

※1　商品が大量に入荷したときは自動倉庫に入れず平棚に逃がす

【頻度区分】※2

		出荷件数累積シェア
A	超高頻度	37.9%まで
B	高頻度	78.3%まで
C	中頻度	92.0%まで
D		96.6%まで
E	低頻度	100%まで
F		出荷無し

※2　数字は初期設定
・各商品の直近6カ月の出荷件数の多い順に並べて、累積件数のシェアで区分
・ランクは1か月ごとにデータを更新して見直す

ユニット化した商品サイズと保管場所をマッチング

　入庫場所の決定で最も重要な判定軸はサイズですが、商品はバラで入庫するものも多く、サイズの測り方からしてルール設定が必要です。

　サイズを測るユニットは、基本的に販売単位で決めており、たとえば1双単位で販売している手袋は1双のサイズで管理し、「手袋10双1束分」「ねじ100個1袋分」というように販売単位がまとまっているものは、まとまった単位のサイズで管理しています。

　サイズ情報は原則として、在庫品として登録する際に商品ごとに仕入れ先に入力してもらって取得します。そして、このサイズが物流センター内の自動倉庫群や棚のどの保管機器に最もぴったり収まるかを判定して、マッチングしていくわけです。

　具体的には、最も小さいバケット倉庫のバケットに収まるならバケット自動倉庫へ、次はオートストアのビン、平棚（中軽量）というように小さい順にチェックしていき、サイズが大きな商品はパレット倉庫に入れることになります。これは極力すき間なく、サイズが適合する保管場所を選ぶためのルールです。

出荷頻度をふまえて作業効率を確保する

　もう1つの判断軸の「頻度」は、自動倉庫の使いやすさを追求し、作業効率を確保するうえでカギを握る指標です。たとえば、現在は「バトラーには基本的に中低頻度品を誘導する」としています。

　バトラーの入庫では、空きのある棚をステーションに呼んで商品を格納していきますが、1つの棚のなかで複数の場所に分けて入れる場合や、別の棚を呼んで入れるように誘導される場合もあります。

　また、自走する棚から落ちることがないように入れ方を工夫し、落下防止のベルトを装着しています。こうしたことから入庫には時間を要し、1件あたり時間でいえば出庫より入庫のほうが時間がかかります。サイズ的にはバトラーに適合しても、入ってすぐに出

ていくものなら平棚に入れておいたほうがよいわけです。

　また、オートストアには逆に高頻度品を優先的に誘導し、低頻度の商品は平棚に逃がすというルールもあります。これは、出荷作業効率の高いオートストアの特性と能力を最大活用するための策です。

　同じ目的から、商品が大量に入ってきたときは、自動倉庫には入れず平棚に逃がすように、入荷容積（商品が10個入れば10個分の容積）に対して自動倉庫投入の上限値を設定しています。

平棚の間口もデータで管理し、改善する

　バケット自動倉庫のバケットやオートストアのビンは、サイズが規格化されていますが、平棚の間口サイズは可変です。プラネット埼玉の中軽量平棚は幅180cm、奥行90cm（片面45cm背板なし）、高さ250cmと規格化されていますが、高さをどのように棚板を入れて区切るかによって間口のサイズが変わるわけです。

　平棚の棚板の高さは、エリアごとに棚がグループ化され、ある程度の統一化が図られています。そして重要なのは、各棚の段ごとの間口容積がすべてデータ化されてシステムに入っていることです。

　入庫時にはこの間口容積と商品のサイズがマッチングされて、高さをムダにせずに格納できる棚に誘導されます。同じ棚でも作業者の手が届かない上方の段は別管理され、低頻度品が誘導されます。

　また、棚グループごとに空きロケが余っているか、不足しているかというロケの「需給バランス」もデータでわかるので、不足する高さの棚を増やしてバランスを改善することが可能です。

　ここで紹介してきたルールはいずれも、運用のなかで仮説と検証を繰り返して改善を積み重ね、いまも進化を続けているものです。

　「人が勝手に判断して行なうことは改善ができない。ルールを決め、人の知恵でルールを変えるから改善できる」というプラネット埼玉の考え方は、データにもとづいてロジカルに物流管理を行なううえで大切なポイントを端的に示しているといえます。

5-5 「瞬発力」から「計画力」へ。これからの物流センター管理の要点

キーワードは「計画力」

ここまで、「多品種少量」「納期厳守」「トラックを待たせない」という現在の物流拠点の三大テーマに、時間をかけてじっくりと取り組んできた事例をご紹介してきました。

3つの事例に共通するものとして、「計画力」というキーワードをあげることができます。モノの置き方、出荷時の荷姿とトラックへの積み方、その荷づくりの前工程である出荷作業の手順について、あるべき姿を描き、これを実現できるように現実の作業を計画するしくみをつくってきたということです。

ここでいう「あるべき姿」は、決して大げさなものではありません。「モノをすき間なく置く（保管する）」「トラックにすき間なく積めるように荷造りする」「トラックを待たせないように出荷作業を計画する」といった、いわば当たり前の内容です。

しかし、これら当たり前の内容がどこまで突き詰められているかというと、多くの物流拠点で、まだ十分に取り組みの余地がある状況であろうかと思います。

モノの置き方や積み付け方が現場の「暗黙知」に頼って決定されている場合、これはやはり、システマティックに計画して作業指示を出すしくみをもつことが将来に向けて必要であり、作業改善にもつながります。

当日出荷のためにやむを得ない受注起点作業を見直す

出荷作業手順の計画については、事例紹介のなかでも述べましたが、「受注起点」から「積込み起点」へという転換が、1つの重要な検討テーマになると考えられます。

受注順に作業をするのではなく、作業開始前に「どの時刻に、どのバースに、荷物がどの順で並んでいればよいか」という作業のゴールを定め、そこからさかのぼってピッキング、検品、包装、荷づくりを行なうという手順です。
　繰り返しになりますが、これまで「さかのぼる手順」が採用できなかったのは、「当日出荷・翌日納品」の原則のためです。
　出荷と配車、配送順が同時並行で決定されるので、注文を受けた順で出荷作業をして仮置きしておき、これをトラック別に仕分けて荷造りをし、さらにバースで積込み順（配送順の逆順）に並べ替えて積み込むしかありません。
　これは、当日出荷の瞬発力をもつための「やむを得ない手順」であったわけです。

作業手順の再構築で翌々日納品のメリットを活かす

　納期が翌々日になって、「作業前日までに出荷内容が確定している」となれば、「**積込み起点**」が選択肢に入ってきます。これまでの作業手順の常識を否定し、作業を再構築して、仮置きや並べ替えを最小限にする合理的な手順に組みかえる可能性が出てきているといえます。
　今後、「翌々日配送」以上のリードタイムを獲得した物流拠点には、そのメリットを活かすうえで一度は「**積込み起点**」**のさかのぼり手順の導入を検討すべきだ**と、筆者は考えています。

6章

物流DXで何を変えていくのか

1　物流DXの全体像をみてみよう ……………………… 144
2　リスクなしで自動化のメリットを享受する ……… 156
3　「見える化」の先にある変化を見極める ………… 161
4　「シェアリングエコノミー」への展開 …………… 170

執筆◎内田 明美子

6-1

物流ＤＸの全体像をみてみよう

📦 デジタル技術で物流をよりよいものへと変革する

　ＤＸとは、「Digital Transformation：デジタル・トランスフォーメーション」のことで、この概念を最初に提唱したエリック・ストルターマン教授（スウェーデン）は、「進化したデジタル技術を浸透させることで、人々の生活をよりよいものへと変革すること」と定義しています。

　これに準ずるならば、**物流ＤＸは「デジタル技術を浸透させて、物流をよりよいものに変革すること」**と定義することができます。

　技術を活用して物流を革命的に変えようという方向性は、2017－2020年の総合物流施策大綱（現在の物流施策大綱の一代前のもの）のなかですでに示されています。

　ここからおよそ10年が過ぎ、新技術を活用したこれまでにないツールやサービスがさまざまな形で登場しています。また、既存のツールも使い勝手が格段によくなって、活用の可能性は広がっています。

📦 ＤＸは目的ではなく手段である

　ＤＸにより物流を変えていくにあたっては、まず「そもそも何をやりたいか」という視点が重要です。ツールやサービスは目的ではなくあくまでも手段であり、提供される可能性は「物流をこうしたい」というユーザー側の思いがあって初めて、命を吹き込まれるものだからです。

　ただ、物流ＤＸでどんな可能性が提供されるのかがわからないことには、それを使って何をやりたいかということも考えられないというのも現実です。

そこでまず、現在実用化されている物流ＤＸツールおよびサービスについて、なるべく網羅的に全体像を整理することから始めたいと思います。

物流ＤＸの５つの分野

ここでは、国が作成した物流ＤＸの事例集に登場するものに若干の追加をして、全部で52のツール・サービスを以下の５つのＤＸ分野に整理しました（146～149ページの図および表を参照）。

> Ａ．自動化・機械化ＤＸ
> Ｂ．事務の自動化ＤＸ
> Ｃ．業務管理アプリケーションＤＸ
> Ｄ．シェアリング・マッチングＤＸ
> Ｅ．データ連携・統合管理基盤ＤＸ

５つの分野は互いに関連し合っており、ツール・サービスにも分野をまたがるものもありますが、「主として何を変えられるのか」ということに着目して分類しました。

以下、各分野の内容を簡単にみていくこととします（150ページ以降）。なお、参考にした事例集は以下の２つです。
・国土交通省「物流・配送会社のための物流ＤＸ導入事例集（2022年）」…23のツール
・経済産業省「荷主・物流事業者のための物流効率化に資する物流デジタルサービス事例集（2024年）」…28のサービス

◎物流ＤＸの５つの分野と実用化されている

A．自動化・機械化ＤＸ
知能化された軽装備の自動化機器が現場業務の自動化を支援

荷役ロボット パレタイズ・積 下し・仕分等	自動搬送機 AGV、AMR 自動フォーク	ロボット 自動倉庫	検品・検数 ロボット	ドローン、 自動運転 トラック
A-1	A-2	A-3	A-4	A-5

C．業務管理アプリケーションＤＸ
業務の計画化・最適化を支援

作業計画・ 人員配置管理	在庫・ロケー ション管理	積み付け 管理
C-1	C-2	C-3

D．シェアリング・マッチングＤＸ
社外とのリソース共同利用を支援

求貨求車・共同配送 マッチング	倉庫共同利用・中継拠点 マッチング
D-1	D-2

A．自動化・機械化ＤＸ

ツール・システム名	提供企業	分野
Robotデパレタイザー	Mujin	A-1
自動荷下ろし・積込みロボット「ULTRABlue」	トヨタL&F	A-1
自動倉庫とAGV、パレタイズロボット組み合わせによる自動化	トランコム	A-1・2・3
月額制倉庫ロボットサービス「Roboware」	三菱商事	A-1・2・3
RCSロボット制御システム	日立物流	A-1・2・3
台車型物流支援ロボット「CarriRoAD」	ライジング	A-2
ハンドリフト牽引型のAGV自動搬送装置	シャープ	A-2
自動フォークリフト「RinovaAGF」	トヨタL&F	A-2
RFID検品＋ロボット仕分けシステム「t-Sort」	プラスオートメーション他	A-2・4
タブレットによる画像検品システム「BRAIS (iSCAN)」	セイノー情報サービス	A-4
ドローン配送による新スマート物流「SkyHub」	セイノーHD、エアロネクスト他	A-5
配送ドローンによる空飛ぶデリバリーサービス	KDDI	A-5

物流ＤＸツール・システム51（各情報は事例集発行時点の内容）◎

B．事務の自動化ＤＸ
電子化でペーパーレス、トレーサビリティ確保を支援

伝票類電子化	配送案件管理	車両動態・点呼等管理	物流資材管理（パレット・かご車等）
B-1	B-2	B-3	B-4

バース予約・入退場管理	配車・配送ルート計画
C-4	C-5

E．データ連携・統合管理基盤ＤＸ
システム間のデータ連携・統合管理の基盤提供

DWH（データウェアハウス）	業界別データプラットフォーム	物流情報統合管理システム
E-1	E-2	E-3

概　　　要
商品情報の事前登録やティーチングなしで最適動作を行ない、パレットのほかかご車、台車にも積み付け可能な荷下ろしロボット。
コンテナやトレーラから、段ボールケースを荷下し・積み込みするロボット。
ロボット自動倉庫、搬送ロボット（AGV/AGF）、ピッキングロボットなどを装備した倉庫を提供するサービス。
月額制でOmni Sorter（高速仕分ソーター）、Ranger GTP（棚搬送ロボット）、Flex Comet（伴走型ロボット）等を使えるようにするRobot as a Service。
複数メーカーの自動化設備を統合制御するコントローラーの提供。
簡単にルート設定できる自律走行機能と人に追従する機能をもつ台車。
ハンドリフトでかご車等を牽引して自律走行する磁気誘導型AGV。
パレット搬送を無人化し、垂直搬送機との連動も可能な自動フォークリフト。
ロボットが商品を載せて台上を走り、周囲に配置したコンテナに種まき仕分けする「t-Sort」とRFID検品を組み合わせた軽量品向け検品・仕分け支援システム。
撮影するだけでAI画像解析を行ない、検査・検品が完了するしくみ。
過疎地域と連携したドローンの商用サービス。配送貨物を「ドローンデポ」に集約後、ドローンが宅配する。
買物困難者を支援するドローン配送サービス。日用品など最大5kgまでの貨物を約10km離れた地点まで配送可能。

6章　物流ＤＸで何を変えていくのか

B. 事務の自動化ＤＸ

ツール・システム名	提供企業	分野
AI-OCR搭載のデータ入力業務支援ツール「DXSuite」	Alinside	B-1
電子マニュアルツール「TeachmeBiz」	スタディスト	B-1
AI-OCR搭載の伝票電子化システム「invoiceAgent」	ウイングアーク１ｓｔ	B-1
配車情報・帳票電子化統合管理「telesa-delivery」	TSUNAGUTE	B-1
配車、ドライバー労務、請求管理システム「ロジックス」	アセンド	B-2
配送案件管理支援（配車・請求データ連携）「IKZOOnline」	ウイングアーク１ｓｔ	B-2
配送案件管理システム（物流情報交換）「Hacologi」	中西金属工業	B-2
配送案件管理システム「MOVOVista」	Hacobu	B-2
輸送業務支援ソリューション「SSCV-Smart」	ロジスティード	B-2・3
AI点呼ロボット「Tenkodeunibo」	Navisia	B-3
車両動態管理システム「MOVOFleet」	Hacobu	B-3
車両動態管理プラットフォーム「traevo」	traevo	B-3
クラウド型パレット・物流容器管理システム「epal」	日本パレットレンタル	B-4
荷物・パレット等トレーサビリティ確保「SmartBarcode」	LOZI	B-4

C. 業務管理アプリケーションＤＸ

ツール・システム名	提供企業	分野	概要
クラウド型在庫・倉庫作業管理システム「InforWMS」	Infor	C-1・2	複数の物流配送の在庫管理、注文・調達、機器、従業員管理等の情報を一元管理し、分析もできるクラウド型在庫管理システム。
人とマテハンを統合管理する倉庫運用管理システム「WES」	フレームワークス	C-1・2	倉庫内における人・ロボット・マテハン機器等を統合管理・作業指示するしくみ。
最適積付計画システム「NeLOSS」	NEXTLogistics Japan	C-3	荷主からの荷物情報及び物流事業者からの運行情報をもとに、量子コンピュータ・AIを用いて最適な割付・積付を計画・提案。
最適積付計画システム「バンニングマスター」	ネットロックシステム	C-3	トラック、パレット、カゴ車等に重量・作業効率を考慮した最適積付プランを作成。
容積可視化ソフト「NEC3次元積載量可視化ソフトウェア」	日本電気通信システム	C-3	3Dセンサ映像をもとにした容積積載量可視化ソフトウェア。バースにおける積込中の容積積載率、倉庫内の占有率等の可視化が可能。
携帯電話と連動したバース予約・受付システム	福岡運輸（自社開発）	C-4	携帯電話等からのバース予約・受付、SMS・メールによる呼び出し・誘導、バース稼働状況等のリアルタイム確認ができるシステム。
バース予約システム「バース管理システム」	ロジスティードソリューションズ	C-4	タイムスタンプ機能で車両の入場、受付、呼び出し、接車等の状態を管理。詳細な荷待ち・荷役時間の分析、改善も可能。
バース予約システム「MOVOBerth」	Hacobu	C-4	トラックの受付・事前予約をシステム上で行なってバースの混雑を回避。他の物流DXアプリケーション「MOVO」シリーズとの連携でさらなる効率化が可能。
バース予約システム「トラック簿」	モノフル	C-4	利用しやすさを追求し、複数種類のデータ入力方法を設定できるバース予約システム。トラックの拠点内滞留時間の分析も可能。
施設入退場管理を自動化する「車両ナンバー認証システム」	JVCケンウッド・公共産業システム	C-4	車両が施設内に入退場する際にカメラを通して車両ナンバーを検知し、受付業務を自動化。バース予約システムと連携できる。
配車計画作成用クラウドサービス「LYNA自動配車クラウド」	ライナロジクス	C-5	地図ソフトとAIのアシストを得て、日々効率的で正確なルート作成・配車計画が組めるクラウド型サービス。車両の稼働状況の見える化にも対応。
AI配車・ルート計画「TOMAS」	ジェイ・ビー・クラフト	C-5	AIを用いて配車計画・ルートを自動作成し、配送業務の削減、最大積載量での運行を支援。ドライバーのスマホと連携した配送進捗状況管理も可能。
配車・配送計画立案支援、動態管理「ULTRAFIX」	日本電気	C-5	地理的条件や時刻指定、庭先条件等の物流制約を加味した配車計画・配送計画立案を支援。動態管理機能で交通状況に鑑みた配送指示も可能。
最適配送計画作成、車両動態管理「Loogia」	オプティマインド	C-5	ラストワンマイルに特化した、最適な配送計画の作成と動態管理ツール。車両台数・配送時間・総走行距離・CO_2の削減等に寄与。

概　要
AIの学習機能搭載のOCR（Optical Character Reader）により、紙帳票の手書き文字やフォーマットが異なる非定型帳票に対応する高精度読み取りツール。
日々改良が必要なマニュアルづくりを電子化し、作業員や配送員がスマホで簡単に最新版の確認、ほしい情報の検索等をできるしくみ。
AI-OCR機能等を活用して紙の帳票情報の電子化、集約を支援。フォーマットを変更せずに帳票の電子管理・企業間共有が可能。
納品伝票・荷受書等の帳票の電子化と統合管理を支援。
物流事業者向けに特化し、配車管理・労務管理・請求管理を一気通貫で行ない、適正運賃設定も支援する輸送管理システム。
発着荷主・物流事業者間等で、配車・請求業務のデータを連携し、運行実績を踏まえた料金の確定も支援するシステム。
関係者間で受発注・納品データ等の物流情報を交換するシステム。発荷主が契約した場合、運送事業者・着荷主は無料で利用可能。
運送事業者への配車依頼・請求対応等のデータを一元管理することでFAX、電話による連絡・確認のやりとりをなくし、業務を効率化するサービス。
配車、運行指示などの輸送業務指示情報をデジタル化して一元管理するシステム。改善基準告示に準拠し、休憩場所等を考慮した運行計画の作成が可能。
顔認証技術を搭載した自動点呼ロボット。出退勤・労働時間管理、残業時間の自動計算等の機能とも連携できる。
荷主、元請け、運送事業者が情報共有できる車両動態管理プラットフォーム。
中立性の高い車両動態管理のオープンプラットフォーム。荷主・元請事業者、協力実運送事業者間で情報の収集・共有が可能。
複数拠点で多種類のパレット・かご車類を一元管理できるクラウド型の物流容器在庫管理システム。
スマホとバーコードで荷物やパレット等のトレーサビリティを確保。

D.　シェアリング・マッチングＤＸ

ツール・システム名	提供企業	分野	概　要
共同輸送AIマッチングサービス「TranOpt」	日本パレットレンタル	D-1	中立的なプラットフォームとして、業界をまたいだ荷主企業とトラックのマッチング、混載便・帰り便での最適な共同輸送を支援。
荷主とドライバーを直接繋ぐ配送プラットフォーム「PickGo」	CBcloud	D-1	荷主とドライバー・運送会社を直接つなぐ配送プラットフォーム。荷主が配送依頼をかけるとドライバー・運送会社に一斉にプッシュ通知が届く。ドライバー評価制度も搭載。
求貨・求車マッチングサービス「ハコベル運送手配」	ハコベル	D-1	ハコベル運送手配が調整機能を担い、荷主と物流事業者をマッチング、多重下請防止・ガソリン費用抑制等のサポートを実施。
シェアリング型倉庫利用サービス「WareX」	三菱商事	D-2	外部倉庫を探す倉庫利用者と空きスペースを持つ倉庫提供者をつなぐ倉庫シェアリングのプラットフォーム。
中継拠点マッチングサービス「Optis」	souco	D-2	保有する倉庫情報をもとに最適な中継拠点情報を提供し、中継拠点利用を促進するサービス。

E.　データ連携・統合管理基盤ＤＸ

ツール・システム名	提供企業	分野	概　要
データベース間情報連携基盤「SImountDWH」	シマント	E-1	異なるシステムから必要なデータを拾ってきてクラウド上のデータベースに取り込み、照合・計算・帳票出力等を行なう処理を自動化するデータ連携プラットフォーム。
事前出荷情報（ASN）による検品レス実現基盤	ファイネット、プラネット等	E-2	受発注・請求等の商流情報と物流情報を連携させ、入庫検品や賞味期限管理を省力化する事前出荷情報を提供するしくみ。
物流情報統合管理システム（庫内業務、人員、在庫）「GWES」	GROUND	E-3	異なるシステムで管理されている庫内業務・人員・在庫情報を共通データ基盤に統合し、物流施設全体の可視化と業務・人員・在庫計画の最適化を支援する。
在庫集約管理支援システム「LMS」	セイノー情報サービス	E-3	複数拠点の在庫情報を集約し、サプライチェーンにおける在庫コントロールを部分最適ではなく全社最適化するシステム。
物流情報統合管理システム「ONEsLOGI／LMS」	ロジスティードソリューションズ	E-3	複数拠点を統合管理し、在庫の全体把握、適切な拠点からの出荷指示を実現するシステム。
サプライチェーン最適化サービス「SCDOS」	ロジスティードソリューションズ	E-3	高度な分析で計画を策定するサプライチェーン最適化サービス。

【Ａ．自動化・機械化ＤＸ】

　かねてから物流現場で人を「苦役」から解放し、効率と安全性を高める役割を果たしてきた自動化機器類が進化しています。少し前までは「教えられたことの反復」しかできなかった自動化機器が、センサーや画像認識等によって周囲の状況を把握し、自律的な判断・行動ができる機能を備えるものになってきています。

　これを**自動化機器の「知能化」**と呼びますが、機器が知能化されて軽装備になり、使い勝手が著しく向上することで、自動化の対象業務範囲や活用できる場面が急速に広がっています。

　倉庫内の自動化では、ロボットが賢くなることで、多品種の商品のピッキングや仕分け、検品、棚卸し、フォークリフトの運転といった、これまでは人手で行なうしかなかった作業も自動化の対象となりつつあります。

　また、これまでの倉庫自動化の主役だった「クレーンのついた堅牢な自動倉庫（荷役・保管）」と「ベルトコンベア（搬送）」が、荷役はアームのついた「**荷役ロボット**」へ、保管は小型のロボットが縦横に走る「**ロボット自動倉庫**」へ、構内搬送はコンベアの設置が不要な「**ロボット自動搬送機**」へと移行しています。

　固定的な設備が、変化対応力の高い軽装備の設備への主役交代が進んでいるわけです。

　設備が軽装備になることで、自動化機器の提供方法も変化しています。三菱商事の月額制倉庫ロボットサービス「Roboware」のように月額サブスクリプションでロボットを導入して効果を検証できるサービスが登場しており、ロボットメーカーも自社の荷物を持ち込んで使用実験ができる施設を用意するなど、ユーザーの導入への不安を軽減する選択肢が提供されてきています。

　輸配送の自動化は、倉庫内よりも難易度の高い分野といえますが、敷地内の移動や区間を限った輸送、ラストマイルの配送では自動運転が実用化されつつあり、また、ドローンの活用も期待されています。

◎自動化の主役交代◎

これまでの主役

クレーン付き自動倉庫

ベルトコンベア

これからの主役

荷役ロボット

ロボット自動倉庫

ロボット自動搬送機

【B．事務の自動化ＤＸ】

　現場作業の自動化と併せて、事務作業も「もう１つの自動化対象」というべき分野です。国勢調査によれば、物流業で働く人の約４割に当たる60万人が「事務」に従事しているとされます。

　人手不足対応という意味でも、また、人を単純作業から解放して人でなければできない仕事をやってもらおうという目的においても、事務の合理化は有効なターゲットといえます。

　事務の合理化のポイントは、印刷書面や電話、ＦＡＸなどのアナログ手段でやりとりされている情報を電子化し、離れたところでも共有できる情報にすることです。

　たとえば、「納品伝票」は多くの倉庫で出荷作業の指示や検品に使われ、出荷時には届け先への連絡目的で最終版を印刷して同梱されますが、この情報を入口（受注時）で電子化してしまえば、その後の作業指示も連絡もすべてデータで共有することができます。

　また、輸配送トラックの手配と業務内容の指示連絡・確認にも大量の電話とＦＡＸが使われるのが一般的ですが、これらの情報をデータ化して一元管理し、進捗確認や請求にも展開するのが「**配送案件管理**」と呼ばれる管理ツールです。

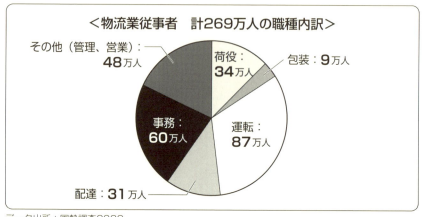

◎物流業界では60万人が「事務」をしている◎

＜物流業従事者　計269万人の職種内訳＞

データ出所：国勢調査2020

さらに、輸配送トラックの状況をリアルタイムで補足する「**車両動態管理**」や、パレットやかご車の所在と数量を補足する物流資材管理のような「見える化」ツールは、関係者が情報を共有することでムダな問い合わせや連絡の業務をなくし、イレギュラーな事態への対応を省力化する役立ちをするものです。

【Ｃ．業務管理アプリケーションＤＸ】
　倉庫内の作業指示や在庫の受け払いの管理、配車・配送ルートの決定といった業務には、これまでもＷＭＳ（Warehouse Management System）、ＴＭＳ（Transport Management System）と呼ばれる業務管理アプリケーションが使われてきました。この分野では、単に業務内容を伝達するだけでなく、計画化と最適化の機能が盛り込まれるという進化が起こっています。
　具体的にいうと、ＷＭＳには作業計画を立てて人員配置を指示する、在庫の適切な保管ロケーションを決める、適正在庫量を計算して補充を計画するといった機能を付加するツールが提供され、ＴＭＳにはＡＩを使った自動配車機能や要件を満たして最も効率的な配送ルートを計画するルート最適化機能を連動させるツールが提供されています。
　かつてのＷＭＳ・ＴＭＳにはなかった新しいアプリケーションとして、「**バース予約・入退場管理システム**」「**積み付け管理システム**」があげられます。
　バース予約・入退場管理は、トラックバースの利用を計画化し、受付も自動化してトラックの荷待ち時間を減らすしくみで、積み付け管理は、オペレーションズリサーチ（ＯＲ）等の技法を用いて、コンパクトに荷造りをしてトラックにすき間なく積む計画を立てるしくみです。
　いずれもトラックをムダなく使うためのツールとしての役立ちが期待されています。

153

【D．シェアリング・マッチングＤＸ】

　リソースを最大活用したいという意味では、社内では活用しきれない余力を社外の人に使ってもらえれば、より、ムダなく活用できる可能性が高まることはいうまでもありません。

　トラックや倉庫の「空き」と輸送需要・保管需要を機動的にマッチングするしくみは、インターネットが実用化された1990年代にブームになった後にいったん沈静化しました。

　近年、ビッグデータ技術やＡＩの活用で圧倒的に使いやすくなり、マッチングの性能も高まったサービスが提供され、ドライバー不足対応への役立ちへの期待もあって改めて注目を集めています。

【Ｅ．データ連携・統合管理基盤ＤＸ】

　新しいツールやサービスを使ううえでは、マスタ情報や過去情報を取り込む準備動作が必要であり、これらは既存のＷＭＳやＴＭＳ、企業の基幹システム等に散逸しているデータを集めてくる必要があります。アナログの情報しかない部分があれば、これを取り込める形にデータ化しなければなりません。

　むろん導入後にも、実務で使ううえでは新ツールやサービスで取得したデータや計算結果を既存のシステムに供出したり、逆にデータをもらってマスタ情報を更新したりといったデータ連携は欠かせないものとなります。

　こうした連携に必要なデータの収集・蓄積・出力を、独自のデータベース管理のしくみを基盤として、ある程度定型化されたしくみとして提供するのが「**データウエアハウス**」と呼ばれるサービスです。データウエアハウスサービスのなかで、149ページのＥ表の事例にあるシマント社のように物流情報のデータ連携に照準を合わせたものが登場しています。

　また、業界内で主に商流情報のデータ連携を担ってきた「業界ＶＡＮ（Value-Added Network）」会社が、物流情報の連携をサービス範囲に含める動きを見せています。加工食品業界のファイネット、

日雑業界のプラネットなどが取り組みを進めて、「検品レス」のような物流業務の省力化を支援する体制をつくっており、これらは業界ごとの物流情報連携基盤といえます。

さらに、「Ｃ．業務管理アプリケーションＤＸ」で紹介したアプリケーションの提供会社も、データの統合管理基盤を提供する主体となっています。

改めて、ＤＸは物流をどう変えるか

ここまで、現場作業と事務の自動化・機械化、業務管理アプリケーション、シェアリング、データ連携基盤という分野区分をして、ＤＸツールの内容をみてきました。

最初にのべたように、こうした供給側からの物流ＤＸの整理は手段を列挙しただけなので、これで実際に物流はどう変わるのかというところは、いま一つ見えてきません。

そこでこのあとは、「物流をこう変えたい」というユーザー側のニーズを以下のように設定したうえで、ＤＸとの関係をみていきたいと思います。

・リスクなしで自動化のメリットを享受する
・「見える化」の先にあるものを見極める
・「シェアリングエコノミー」の未来図を想定する

6-2 リスクなしで自動化のメリットを享受する

これまでの常識としての自動化リスク

　自動化機器の性能が上がって使い勝手が向上しても、自動化そのものにリスクを感じて、導入に懐疑的な思いをもつユーザーには、それだけでは自動化に踏み切るきっかけにはなりません。
　自動化のリスクとして、一般的にいわれるのは以下のような内容です。

- 自動化は設備を固定化するので、一度入れてしまうと非効率になっても変更できない。
- 自動化は導入時の準備設定の費用と労力が大きいので、入れるなら部分導入ではなく全面導入しないとメリットが出ない。
- 導入後も設定を更新できる専門的な要員がいないと変化に対応できず、使いこなせなくなる。
- 機器の性能が日進月歩で向上するなかで、現在ある機械を装備することは陳腐化のリスクが大きい。

　これらのリスクは、現在もゼロになったとはいえないものの、前提条件は間違いなく変化しています。つまり、これまでの自動化の常識を変え、リスクを大きく軽減すること自体が、自動化・機械化DXの本分なのです。
　以下、順にみていきましょう。

「非固定的な自動化」が実現している

　設備を固定しないという意味では、倉庫自動化の主役が「（クレーン付き）自動倉庫とコンベア」から「ロボットと自動搬送機」へ

という変化は、まさに固定設備から非固定設備への主役交代です。

床にがっちりと固定する旧世代の堅牢な自動倉庫とは異なり、新世代のロボット自動倉庫は固定の要らないパイプの枠を伝い歩くようにして、荷物をかついだロボットが縦横に動きます。

床を自走するロボットもあり（Exotec社の「skypod」）、パイプも「工事不要、手で組み立て・解体ができる」という手軽さのものが登場しています（ラピュタロボティクス社の「ラピュタASRS」）。

このような手軽さから、自動倉庫は「小さく入れて、使い勝手がよかったら拡張する」ということが可能になり、「保管に使うつもりで検討したが、出荷時の荷物の仮置きと順建て（積込み順にバースに出していく）に使えると気づいて出荷口で使っている」という事例もあります。

この事例では、出荷口で天井の高さを有効に使って仮置きしたいという要望がかなえられたわけですが、スペース利用という意味では最も柔軟性が求められる出荷口に自動倉庫を設置するのは、かつての常識では想定しづらかったことです。それだけ、自動倉庫の性質が変化しているのです。

「部分的な自動化」でもメリットを得られる

コンベアに代わって搬送の主役となりつつある新世代ＡＧＶ（無人搬送車）は、設備が非固定的で変化に対応しやすいだけでなく、設定の労力と費用が少ないという意味でも、導入しやすさに優れています。

新世代ＡＧＶが新世代と呼ばれる所以は、誘導方式の進化にあります。第一世代の時期の誘導ＡＧＶは、いわばコンベアと同じように決まった経路を搬送するだけですが、第二世代以降のＡＧＶは、自分の位置を推定して目的地までの経路を決め、自律走行する能力をもちます。

特に、第四世代ＳＬＡＭ方式のＡＧＶが普及期に入り、メーカー

が量産体制に入りつつあることは、ＡＧＶが導入しやすくなっているポイントといえます。

ＡＧＶの導入費用について、トップメーカーの１社であるMujin社は「１台500万円程度、管理システムの構築に500万円、２台入れるとしたら1,500万円から導入できる」（2024年12月現在）という目安を語っています。

少ない台数の導入でも、倉庫のなかで使用場面を限定せず多用途に使用でき、人が作業しているスペースでも作業を邪魔せず共存できる新世代ＡＧＶは、「自動化のスモールスタート」を可能にし、「部分的な自動化」でメリットを確認しやすい機器の代表選手といえます。

◎ＡＧＶ誘導方式の進化◎

	誘導方式	特　徴
第１世代	電磁誘導	床に設置された金属線に微弱交流電流を流し、磁場をセンサーで検出して移動する。
	磁気誘導	磁性体の棒や磁気テープを床に設置し、磁気センサーで読み取って誘導する。２世代、４世代とのハイブリッド機も存在する。
第２世代	画像認識	床や天井に描かれたQRコードやARマーカーなどの記号を読み取り、自分の位置を把握する。高精度な位置決めが可能。
第３世代	レーザー（反射板）	建屋内の壁や柱に反射板を取り付け、レーザーの反射で自己位置を推定し自律走行する。車両の走行範囲のすべてに十分な数の反射板を設置する必要がある。
第４世代	SLAM (Simultaneous Localization and Mapping：自己位置推定・地図作成)	カメラやレーザーなどのセンサーとエンコーダやジャイロスコープを使って自己位置推定を行ない走行。誘導体の設置不要で、自律走行が可能。

ソフトウエアが進化すれば従来の機械も進化する

　ロボットやＡＧＶの性能や使い勝手の向上が著しいなかで、自動化投資はいつすればよいのか、すぐによりよいものが出るならば、現在売られている機械に投資するのは得策ではないのでは、という不安がよく聞かれます。

　この「機械の陳腐化リスク」はゼロになったわけではありませんが、かつてよりもだいぶ小さくなっています。新世代の自動化機器の性能はハードウエアよりもソフトウエアに依拠するところが大きいので、同じ機器でもソフトウエアが更新できれば新たな性能を得られるためです。

　具体例で説明しましょう。ロボット倉庫の一種として、普通の棚の下にロボットＡＧＶがもぐって、出荷する商品を作業者のところ

◎コントローラーの進化による棚ＧＴＰロボットの進化◎

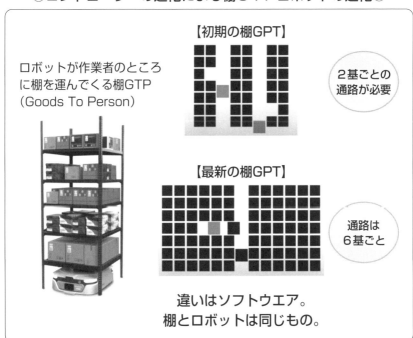

に運んでくる「棚ＧＴＰ」と呼ばれるものがあります。ＧＴＰは「Goods To Person」の略で、作業者が動かなくてもモノのほうが人のところに来るという特徴を表わしています。

日本ではAmazonが2016年に初めて導入して公開した棚ＧＴＰは、その後著しい進化を遂げています。初期のものはロボットが１台ずつ制御されていたので、棚は２列縦隊で置いておく必要がありました。

いまはロボットが３台連携して制御でき、奥にある棚を出す場合には１台目のロボットが通路際の棚を出し、２台目がその奥にある棚を出して通路を確保したうえで、３台目が本命の棚を出すという共同作業ができます。

これによって棚を６列縦隊で置けるようになりました。通路が少なくて済むので、保管効率が大きく向上することはいうまでもありません。

重要なのは、この進化は「ロボットコントローラー」と呼ばれるソフトウエアの進化であり、ロボットや棚は同じものであるという点です。初期の棚ＧＴＰを導入した企業でも、進化の恩恵を受けることが可能なのです。

棚ＧＴＰでは、作業実績を分析して「棚の移動距離が最小になるように、出荷頻度の高い商品の棚はなるべく手前に置いておく」「棚の『取り合い』を防ぐために、よく出る商品は同じ棚には置かないように入庫誘導する」といった改善を組み立てることができ、実績データが蓄積されるほどに、より高い精度で改善できるようになりますが、こうした機能もすべてコントローラーがもっている能力です。

ここでは、ハードウエアの陳腐化リスクを心配する必要はないわけです。

6-3 「見える化」の先にある変化を見極める

見える化の目的は、情報がないために発生するムダをなくす

　ＤＸの第一歩は「見える化」であり、その次のステップとして計画化や最適化があるということがよくいわれます。実態が見えなければ、計画も改善もできないということです。

　しかし、物流についていえば、多くの現場が「見える化以前」の状態にあります。もちろん、物流は日々ちゃんと動いているわけですから、作業や輸配送に必要な情報は指示伝達されています。「見える化以前」というのは、こうした情報が紙に書かれたアナログ情報で伝達されているか、各種の業務管理アプリケーションのなかに眠っていて、今日の作業を評価する、改善する、明日の計画を立てるといった管理に使うことができない状態をいいます。

　物流情報を管理に使えるようにするＤＸツールが各種供給されているという意味では、見える化の環境は急速に整ってきています。6−1項で【Ｃ．業務管理アプリケーションＤＸ】に分類した倉庫の作業計画やロケーション管理、バース予約、配車計画等のツールがそれにあたり、また、【Ｂ．事務の自動化ＤＸ】に分類した配送案件管理や車両動態管理等も、見える化支援のしくみです。

　しかし、ユーザー側にはいまのところ、広く見える化が進むような急速な変化はみられないようです。ユーザー側でよく聞かれるのは、「見える化だけではメリットが得られない」ということです。見える化の先にあるものが具体的に見えていないのです。

　見える化のメリットは、「**情報がないために発生しているムダをなくす**」ということです。この視点をもって現在提供されている物流ＤＸツールの活用可能性をみていくと、見える化の先にあるものが見えてきます。いくつか具体的にみていきましょう。

「バース予約システム」の次の可能性

「バース予約システム」は、トラックの待ち時間をなくすために、その日に発着するトラックに、バースの利用時間を予約してもらうしくみです。「バースがいつ空いているか」を見える化して情報共有することで、知らずに到着して何時間も待たされるというトラックのムダがなくなることは明らかで、国の政策を受けて脚光を浴び、導入が推奨されているツールです。

荷主にとっては、バース予約システムでバースの空き情報を見える化しても、それだけでは明らかなメリットは生じません。単に予約を入れてもらうだけでは、待ち時間はなくならず、予約に応じて荷受け・積込み作業を完了させる管理が必要です。つまり、見える化という意味ではバースの空き情報だけでなく、荷受けと積込みの作業能力の見える化が必要なのです。

荷受け作業の能力とは、「このバースで1時間にどれだけの量の荷物を荷受けできるか」ということですが、ここではバースで行なう作業を定義して、スペースの制約のなかで所要時間の見積もりができるようにする必要があります（5－2項「トラックを待たせないように倉庫作業を計画する」を参照）。

荷主の立場で倉庫の荷受けおよび積込み能力を見える化すると、「荷量がその上限を超えないようにコントロールする」という次の管理が見えてきます。これはトラックを待たせることが許されないこれからの倉庫にとって、重要な管理テーマです。

バース予約から物流量平準化への一歩を踏み出す

ある荷主は、バース予約システムのオプション機能で「荷物の量と作業時間がトラックごとに事前にわかる」ということを入口として、入庫と出庫の上限量の設定に取り組みました。バース稼働可能時間から利用可能枠を決め、繁忙日には事前に枠を予約してもらって、「枠が取れなければ入庫日をずらしてもらう」「空いている日に

枠をとって前倒しで出荷させてもらう」といった具合に、調整を行なうのです。

これまでは、繁忙日には倉庫のキャパオーバーが発生するために長時間待機が発生し、庫内作業で深夜残業をしても、荷物が置ききれない状態が発生するという実態はわかっていても、具体的に上限を設定する手段がありませんでした。

この会社は、バースを軸として倉庫のキャパシティを明示し、キャパオーバーの回避と物流量平準化への一歩を踏み出すことができたわけです。

「配車支援システム」の次の可能性

「配車支援」システムは、出荷する荷物を運送会社・トラックに割り当てて運行計画を作成する「配車業務」を支援するもので、6－1項で【C-5　配車・配送ルート計画】に分類したものが該当します。

DXという意味では、過去データの蓄積や地図ソフトとの連動で使い勝手を向上させ、さらに数理最適化の技法を用いて「最少の台数、最小の走行距離でモノを運ぶ組み合わせ」を計算する機能を組み込んだものが登場しています。

数理最適化を組み込んだ自動配車システムは、ＡＩ技術で計算速度を上げ、時間指定や納品条件の制約も詳細に反映する実用性の高いものが、クラウド上で手軽に使える形で提供されています。

しかしユーザー側では、配車全体の自動化にはなかなか踏み切れず、あくまでも「人による配車を支援するツール」としての利用にとどまるケースが多い様子です。

「世界のラストワンマイルを最適化する」を標語として高精度のルート最適化ロジックを組み込んだ自動配車システム「Loogia」を提供するオプティマインド社は、システムの役立ちを「定量的な分析をすることで、さまざまなステークホルダーと対話をするための共通言語を確保し、一緒に実現可能な解決方針を策定していけるよ

うになること」と語っています。

　自動配車システムは、制約条件を踏まえた最適配車の解を計算するので、当然、条件を変えた場合の解も簡単にシミュレーションできます。その効果として、トラックの台数や走行距離がどのくらい減るか、トラック1台当たりの積載量がどう変化するかといった試算もできるわけです。

配車シミュレーションがデータドリブンな変革の基盤となる

　こうした配車に係るシミュレーションデータは、国が発着荷主連携のもとにトラック1台当たりの積載量を増やすことを求め、中期計画による改善を義務づけているなかで、取り組みの基盤となるものです。

　オプティマインド社が支援した事例でも、店舗配送について「現状の時間指定条件では効率化の余地はない」「もし時間指定の幅を4時間に拡大すれば、コストにして年間約4,000万円分の効率化が可能になる」という試算データを共有し、シミュレーションを重ねることで関係者の納得を得て、効率化を実現しました。

　オプティマインド社の松下健社長は、「これまでのやり方を変えることは現場に負担をかけ、委託先運送事業者に警戒される面もあるので、定性的な議論だけではなかなか進まない。データドリブンで現状を共通認識化し、実現可能な解決方針を一緒に検討することが、事態の打開につながる」と語っています。

「配送案件管理システム」の次の可能性

　「配送案件管理システム」とは、トラックでの配送依頼に係る情報を一元的に管理するしくみです。

　配車システムと機能が共通するところもありますが、配車システムの機能は、配車作業の効率化と最適配車の支援がメインであるのに対し、配送案件管理システムは、配車依頼から車両確定、納品条件の連絡、配送完了確認、運賃請求に至るまでのすべての情報を一

元管理して、関係者で共有できる環境をつくることがメインの役立ちです。

配送案件情報の処理は社内システムでは完結せず、社外との連絡、確認、調整が多く発生することが特徴的です。

たとえば、荷主が求める届け先での納品場所や置き方等の指定、納入時間の条件といった詳細な依頼内容は、元請け業者、実際の配送を行なう会社の事務所を経て、最終的には実運送ドライバーに確実に伝えなければなりません。情報がＦＡＸや電話でやりとりされている場合、何段階もの伝言が必要になります。

また、配送中にも問い合わせや追加の依頼事項があり、特に遅延やトラブルが発生した場合、担当者は各方面からの問い合わせ対応と連絡にかかりきりになります。配送後には、実運送会社が配送業務の内容に応じた運賃を計算して請求し、荷主もしくは元請けはこれを確認して支払うという業務があります。

配送案件管理システムは、こうした情報をデータ化して、クラウド上の１つのデータベースに集約するものです。配送にかかわるすべての情報と連絡を、関係者がパソコンの画面上で共有できる環境が提供されるのです。

業務の「消失」が改善に取り組む余力を生む

Hacobu社が提供する配送案件管理システム「MOVO Vista」を導入したある会社では、１日に数百枚に及ぶ依頼書や連絡票のＦＡＸ送受信がなくなり、確認のための問い合わせや連絡の電話もなくなりました。運賃を自動計算し、運送事業者からの請求と照合する作業もシステム内で行なえるようになりました。情報がデータとして共有されず、使えていなかったために発生していた業務がすべて「消失」したわけです。

一連の情報の「データ化」は、次の段階としてそれらを評価したり、分析して改善に使ったりできるという成果を生みます。

この会社においても、運賃マスタの整備を通じて運送会社別・行

先別の運賃が比較可能になり、また、納品条件についてもエリアごとに一覧的にみることで、「この時間指定をずらしてもらって積み合わせできないか」「この届け先は午後にしてもらって2回転できないか」といった改善のための分析が可能になりました。

こうした分析と改善は、これまでは膨大な連絡業務に忙殺されていた担当者の新たな仕事となりました。配送の実態を熟知している担当者は、改善の担い手として最適ですが、これまではこうした改善を行なう余力がなかったのです。

事務の仕事がDXされて、より、やりがいのある仕事に代わった事例ともいえます。

物流情報の「データ連携」は容易ではない

ここまでみてきた配車支援システムや配送案件管理システム等のアプリケーションを使うためには、既存の業務管理システムや基幹システム等からさまざまな情報を拾ってくる必要があります。

たとえば、配車支援システムに入力すべき情報は、車両と荷物、届け先、荷物（商品）のサイズや重量といった情報ですが、これらは複数の既存のシステムに散在しているのが普通です。

また、前述した配送案件管理システムで運賃の自動計算を行なううえでは、日々の配送案件データ（届け先別の出荷内容）を、委託先運送会社ごとの「運賃タリフ」とかけあわせて運賃計算ができる形に加工して取り込む必要があります。

さらに、自動計算した運賃金額は経理処理のシステムに取り込んで使えないと、事務の二度手間はなくなりません。

新しいアプリケーションを入れる際には、こうしたデータの連携をなるべく自動的に行なえるようにしくみをつくります。

しかし、生い立ちの異なる複数のシステムが関わり、FAXや電話等のアナログ情報の取り込みを要する部分もあるところから、すべてのデータ連携を一気に自動化させるのは容易ではありません。

手作業でデータを取り込んだり、マスタを二重に更新したりする

作業が残りがちであり、こうしたデータ連携の難しさは、ＤＸツールの導入・普及のハードルの１つであるといえます。

「データ連携」を支援するデータウエアハウスサービス

ここにおいて、複数のソースから収集したデータを整理して蓄積し、異なるシステム間での共有や分析を可能にする「データウエアハウスサービス」が役割を果たします。

６－１項で【Ｅ．データ連携・統合管理基盤ＤＸ】と区分した分野ですが、特に物流情報のデータ連携支援に力を入れているシマント社の例を紹介します。

シマント社の基盤技術は、異なるシステムに存在する編成の異なるデータを１つのデータベースに自動的に取り込み、時系列や各種属性の情報を備えた形で整理格納して、他のシステムやアプリでシームレスに利用できるようにする「データベースマネジメントシステム」の技術です。

社長の和田怜氏はかつて、都市銀行の大型合併の際にまったく出自の異なる基幹システムの統合をユーザーとして経験し、銀行の本部にて出自の異なるデータを業務で使うために加工する苦労も経験しました。また、システムトラブルに起因する顧客へのクレーム対応に従事した経験もあります。

そのような業務体験から、異なるシステム起因のデータに苦労する現場のユーザーが出ないようにという思いで、現在は物流情報の統合管理を重点支援項目と位置づけたデータウエアハウスサービスを展開しています。

シマント社は、これまでに独自のデータウエアハウスである「simount DWH」上で、複数の企業との共同開発で物流情報統合管理のしくみを構築しています。

公表されている事例でいえば、食品卸の三菱食品と開発した「運賃精算業務支援システム『trucXing PMS』」、トラック運送事業者のトランコムと開発した「配車計画自動作成システム『Bridge（ブ

リッジ)』」があげられます。

「trucXing PMS」は、輸配送管理システムや配車支援、車両動態管理等のアプリケーションからデータを自動的に収集して運賃を自動計算するとともに、運送事業者からの請求情報を同じデータベースに取り込んで計算結果と照合し、人手をかけることなく運賃精算を完了できるようにしたものです。

またBridgeは、トランコムのこれまでの配車システムではカバーしきれていなかった多様な配送指示情報を詳細にデータ化したうえで、伝票から自動的に登録できるようにすることで、人間の判断を伴う手作業を最小化した自動配車エンジンを構築し、システム上のデータで配車計画策定が完了する環境を実現しました。

このBridgeによって、トランコムでは配送案件の組み合わせ最適化や積載率の分析等を有効に行なえるようになり、改善策もデータにもとづいて検討できるようになりました。

データ自動連携が物流ＤＸのインフラとなる

ここで重要なことは、こうしたデータの精緻化やデータ連携の経験が、個々の企業のためのしくみとして完結するのではなく、同社の業務システムと組み合わせるなかで、データウエアハウスサービス上の知見として蓄積され、現場の暗黙知をため込んだ共有可能なノウハウとして提供されるようになっているということです。

シマント社は「simount DWH」を「サプライチェーンをデータ基盤から支える物流ＤＸプラットフォーム」と位置づけています。

シマント社の他にも、プラネット（日用品）、ファイネット（食品）といった業界ごとの情報ＶＡＮ会社や、ルート最適化配車システム「Loogia」を提供するオプティマインド社のような物流ＤＸツール提供会社が、データ連携を支援するデータウエアハウス的なサービスの提供に力を入れてきています。

優れた分析機能や最適化機能を持つ物流業務支援アプリを導入しても、それらと既存の業務管理システムとのデータ連携が自動化さ

れていないと、本来の機能を発揮することはできません。

　一部の業務でしか使われずメインの業務は改善できていない、マスタの更新が追いつかないために使われなくなってしまったといった事例も見られます。

　データウエアハウスサービスの助けも借りて、データの自動連携を進めることは、物流ＤＸのインフラ整備として重要な意味をもつ取り組みといえます。

6-4 「シェアリングエコノミー」への展開

マッチングサービスの進化

6-1項で【D．シェアリング・マッチングDX】と区分したトラックや倉庫と荷主をマッチングするサービスは、「ビッグデータ」を基盤とすることで進化しています。

配送マッチングサービスでは、荷主が入力する発地・着地の情報は一度入力すればデータベースに履歴が残り、この履歴は住所・名称・道路幅や積み卸ろし場所の制約といった特記事項の情報までカバーします。

これによって、マッチング依頼時の入力作業はきわめて省力化されます。また、ビッグデータですから、積荷の情報を画像で送る、トラックの形態を画像で確かめるといったFAXや電話のやり取りでは難しい情報のやりとりも可能です。一連の情報が荷主から実運送事業者にダイレクトに伝わることも、大きな進化といえるでしょう。輸送当日はトラックの位置情報をアプリで取得して進捗を確認でき、運賃決済もサービスのなかで完了できます。

こうした使い勝手のよさは、CBクラウド社「ピックゴー」、ハコベル社「ハコベル運送手配」といった代表的なサービスを始め、現在提供されている配送マッチングサービスの標準的な仕様となっています。

シェアリングエコノミーへの展開

こうなってくると、なかにはすべての配送をマッチングサービスで管理したいとするユーザーも出てきます。この場合、サービスはマッチングのためのしくみではなく、荷主と運送事業者がダイレクトに結びつくオープンな配送管理のしくみということになります。

マッチングサービスが浸透し、最終ユーザーとモノやサービスの供給者が直接結びついて、リソースが流動的に活用されるようになることを「シェアリングエコノミー」と呼びます。輸送の管理ではこれまでは、既存の運送事業者との関係を大切にして、すべての輸送手配を任せるのが常識的な選択でしたが、シェアリングエコノミーに移行する部分が出てきているということです。

マッチングサービスは輸送以外の分野でも使われ始めています。期間限定の空き倉庫・空きスペースのマッチングプラットフォームを提供するsouco社や、「『働きたい時間』と『働いて欲しい時間』のマッチング」を手がけ、倉庫への機動的な人材紹介に力を入れているタイミー社等のサービスはその一例です。

フィジカルインターネットとは

物流におけるシェアリングエコノミーの未来図を描いたものとして「**フィジカルインターネット**」という概念があります。

フィジカルインターネットは、情報の世界のインターネットのしくみをフィジカルな世界に適用して、これまでにない効率的で持続可能な物流のしくみをつくろうという大胆な発想のもとに描かれたコンセプトです。

用語としては2006年6月の英国エコノミスト誌の記事に初登場し、その考え方にインスピレーションを得た欧米の大学の研究者たちが2011年に提唱しました。

インターネットは、やりとりするデータのユニットを「パケット」化し、パケットの標準的な交換規約（プロトコル）を定めることで、世界中の不特定多数の回線を共有しての通信を実現しました。

パケットはもともと「小包」を表わす語であり、その意味では、インターネットのしくみは、リアルな物流のしくみを土台としてつくられたのです。

いま逆に、物流がインターネットのしくみを模すという段では、「**オープンアクセス**」「**標準化**」「**相互接続性**」「**デジタル化**」「**スピ**

ード」という５つの特徴を踏襲することが、設計上のポイントとなるとされています。

📦 フィジカルインターネット実現会議

　2021年、経済産業省は2040年を目標とした物流のあるべき将来像として「フィジカルインターネット」を掲げ、その実現に向けた検討に着手しました。

　国の狙いは欧米の研究者が提唱するフィジカルインターネットそのものの実現というよりも、「非標準化」「非デジタル」「非相互接続」から脱却できない物流の現実を打開するアクションを促すことであったように見受けられます。

　検討会はスーパーマーケット等（加工食品・日用雑貨）、百貨店、建材・住宅設備といった業種別のワーキンググループが、2030年に向けたアクションプランを作成しました。

　スーパーマーケット等ＷＧ（ワーキンググループ）の報告では、2030年のゴールイメージが、以下のような現実的で実効性の高い表現で描かれています。

- メーカー・卸間、卸・小売間、小売店舗間の共同配送が進んでいる
- 帰り便の有効活用による車両相互活用が進んでいる
- 各種標準化・情報連携がすすみ、物流資材の標準化によるユニットロード、検品レス、在庫管理の効率化等が実現している

　ここで描かれる共同配送やユニットロード化、検品レスは、物流ＤＸがめざすものと一致するものがあると思います。

　業種別のワーキンググループが描くフィジカルインターネットの姿は、物流ＤＸが実現したい業界別の物流プラットフォームの要件定義ととらえることができます。

7章

物流GXで何が変わるのか

1　脱炭素が求められる背景 ……………………………… 174
2　脱炭素をベースに国を発展させる ………………… 176
3　物流におけるCO_2排出の現状 …………………… 183
4　荷主における脱炭素への取り組み ………………… 187
5　物流業界における脱炭素への取り組み …………… 191

執筆◎芝田 稔子

7-1 脱炭素が求められる背景

暑すぎて働けない

近年、世界中で気温上昇による海面上昇、台風の大型化等の自然災害が起こっており、国土の消失や食糧不足による戦争の勃発等につながることが懸念されています。

日本においても、豪雨や猛暑のリスクがさらに高まることが予想され、農林水産業、生態系、自然災害、健康、産業・経済活動等への悪影響が心配されています。

身近な事実として熱中症のリスクは増加傾向にあり、2024年の熱中症による救急搬送数は97,500件を超えて過去最高を記録しています。熱中症による死者数は台風、豪雨、地震、噴火などの自然災害による死者数の約5.5倍にも達しています。

国際的研究機関によれば、2023年には暑さにより、全世界で5,000億時間超の労働機会が失われたとされています。農業従事者における「暑すぎて炎天下で働けない」事態は、今後の食糧不足への影響が心配されています。

日本では、休憩を多く取らせる必要がある、暑い時間帯には作業させられない等により、建設業が最も影響が大きく約7.8億時間を失ったとされ、次にサービス業、製造業、農業の順でした。失われた"働けるはずだった"時間は、日本全体では22億時間、およそ5.6兆円の収入を失ったと試算されています。これまでどおりの働き方、暮らし方は通用しない時代がやってきているということです。

日本でも高温化が進む

2023年の日本の平均気温の基準値（1991～2020年の30年平均値）からの偏差は＋1.29℃で、1898年の統計開始以降、2020年を上回り、

最も高い値となりました。

日本の年平均気温は、さまざまな変動を繰り返しながら上昇しており、長期的には100年あたり1.35℃の割合で上昇しています。特に1990年代以降、高温となる年が頻出しています。

◎日本の年平均気温偏差◎

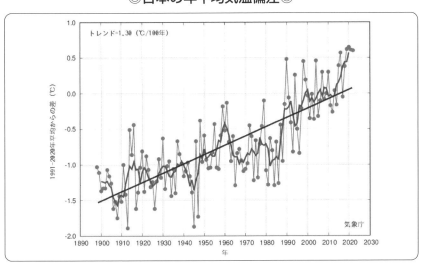

資料：気象庁

気温上昇を抑制するため、温室効果ガスの排出量削減が求められているわけですが、国際協定として初めて温室効果ガスの排出量削減目標を定めることとなったのは、1997年の京都議定書においてでした。当時、日本はそもそも省エネ大国であり、改善の余地は小さいのでは、という声もありましたが、地球に暮らす一員として、気温上昇を引き起こす原因であるCO_2排出量を減らす努力は必須のものといえます。

めざされている「カーボンニュートラル」とは

2020年10月26日、当時の菅総理大臣が「2050年カーボンニュートラル、脱炭素社会の実現をめざす」ことを宣言しました。その後、

日本ではカーボンニュートラル実現に向け、さまざまな取り組みが要請されることとなったのです。

ここで「**カーボンニュートラル**」をきちんと整理しておきましょう。

菅元総理の宣言においては、「我が国は、2050年までに、温室効果ガスの排出を全体としてゼロにする、すなわち2050年カーボンニュートラル、脱炭素社会の実現をめざす」とされています。

つまり、日本がめざす「カーボンニュートラル」は、CO_2だけに限らず、メタン、N_2O（一酸化二窒素）、フロンガスを含む「温室効果ガス（GHG）」が対象になっています。

「全体としてゼロに」とは、「排出量から吸収量と除去量を差し引いた合計をゼロにする」ことを意味します。

まず、温室効果ガスの排出量を極力削減する取り組みが必要です。エネルギーを使用しない工夫、より効率的にエネルギーを使用する工夫は当然です。石油や石炭のような使用することによりCO_2を排出するエネルギーに頼らず、天然ガスや水素、太陽光・水力・風力などの再生可能エネルギーを取り入れることにより、CO_2排出量を削減することも求められています。

「吸収」とは、森林や海洋生物によるCO_2吸収のことです。自然に存在する森林はCO_2を吸収しているわけですが、カーボンニュートラルにおいて「吸収」という場合、植林等によりCO_2吸収量を増加させる取り組みのことをさします。林野庁のホームページに計算式が紹介されています。

「除去」とは大気中のCO_2を直接回収し、貯留する工学的な技術のことをいいます。

排出を完全にゼロに抑えることは現実的に難しいため、排出せざるを得なかった分については、同じ量を「吸収」または「除去」することで、差し引きゼロ、正味ゼロ（ネットゼロ）をめざす、ということです。

7-2 脱炭素をベースに国を発展させる

グリーン成長戦略の策定

2050年カーボンニュートラルの実現に向けた取り組みは、産業部門の構造転換や革新をはかる好機です。経済産業省を中心として産業政策・エネルギー政策の両面から「2050年カーボンニュートラルに伴うグリーン成長戦略」が策定されています。

新たな燃料やエネルギーのつくり方・供給方法、利用のしかたに至るまで、温暖化ガスの排出を抑制する方法が模索され、さまざまな取り組みへの支援が実施・計画されています。

◎2050年カーボンニュートラルに伴うグリーン成長戦略◎

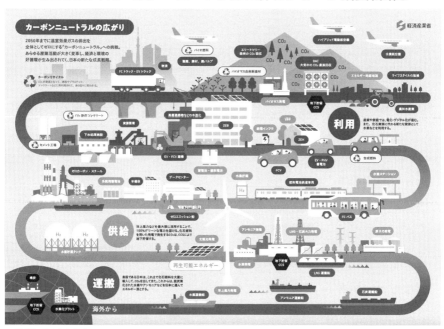

資料：経済産業省

前ページの図は小さくて読みづらいかもしれませんが、経済産業省のホームページで、図の見出しの言葉で検索すれば、確認することができます。

産業・エネルギー政策の大転換をめざす「GX」

「GX」とは、「グリーントランスフォーメーション」（Green Transformation）の略です。国がいうGXは、戦後における産業・エネルギー政策の大転換を意味しています。GXを加速させることで、エネルギーの安定供給につながるとともに、わが国経済を再び成長軌道へと戻す起爆剤とする構想なのです。

GXの実現を通して、2030年度の温室効果ガス46％削減や2050年カーボンニュートラルの国際公約の達成をめざすとともに、安定的で安価なエネルギー供給につながるエネルギー需給構造の転換の実現、さらには、わが国の産業構造・社会構造を変革し、将来世代を含むすべての国民が希望をもって暮らせる社会の実現がめざされています。

GX推進法で社会構造の変革を促す

世界規模でGX実現に向けた投資競争が加速するなかで、わが国でも2050年カーボンニュートラル等の国際公約と産業競争力強化・経済成長を同時に実現していくためには、今後10年間で150兆円を超える官民のGX投資が必要であるとされ、2023年、「GX推進法」が定められました。正式名称を「脱炭素成長型経済構造への円滑な移行の推進に関する法律」といいます。この法律では、以下のような施策が実行されることとなっています。

①GX経済移行債の発行

政府は、GX推進戦略の実現に向けた先行投資を支援するため、「GX経済移行債」（脱炭素成長型経済構造移行債）を発行し、GXの推進に関する施策を講ずるとしています。

債券の発行は2023年度から10年で20兆円とかなりの規模です。この支援を受け、同期間の官民によるＧＸ投資は150兆円となることが期待されています。

②カーボンプライシングの導入

次ページ以降に詳述していますが、「カーボンプライシング」とは、炭素排出に値付けをすることで、ＧＸ関連製品・事業の付加価値の向上を図るものです。

2028年度から、化石燃料の輸入事業者等に対して、輸入等する化石燃料に由来する二酸化炭素の量に応じて、化石燃料賦課金が徴収されます。

2033年度からは、発電事業者に対して、一部有償で二酸化炭素の排出枠を割り当て、その量に応じた特定事業者負担金が徴収されることになっています。

③ＧＸ推進機構の設立

経済産業大臣の認可により、ＧＸ推進機構が設立されます。ＧＸ推進機構は、民間企業のＧＸ投資の支援（金融支援（債務保証等））、化石燃料賦課金・特定事業者負担金の徴収、排出量取引制度（特定事業者排出枠の割当て・入札等）等を行なう組織です。

カーボンプライシングの導入

「カーボンプライシング」とは、CO_2などの温室効果ガスに値段を付けることを意味します。温室効果ガス排出にコストがかかるしくみをつくることにより、脱炭素社会への流れを促進させることが狙いです。

フィンランドで1990年に炭素税が導入されたことを皮切りに、欧米ではすでにさまざまな形でカーボンプライシングが導入されており、日本でも実はすでに一部導入されています。

環境省「カーボンプライシングのあり方に関する検討会」におい

て、以下のように結論づけられています。

「社会の隅々で経済社会システムと技術のイノベーションを起こし、また、脱炭素社会に向けた円滑な移行を誘導していくためには、カーボンプライシングが有効」

- 温室効果ガス排出のコストや対策の費用対効果を「見える化」し、長期大幅削減を費用効率的に達成することが可能となる。
- 削減に向けた「共通の方向性」を企業や投資家に示すこともできる。脱炭素社会に向けた市場の活性化の推進力となり、経済・社会的課題との同時解決にもつながる。

企業に排出削減の取り組みを加速させるため、排出量を削減した分を、株式や債券のように市場で売買する「排出量取引」を、2026年度以降本格稼働させるとされています。

カーボンプライシングの類型

カーボンプライシングは、CO_2に価格を付け、排出者の行動を変容させる政策手法です。

◎カーボンプライシングの類型◎

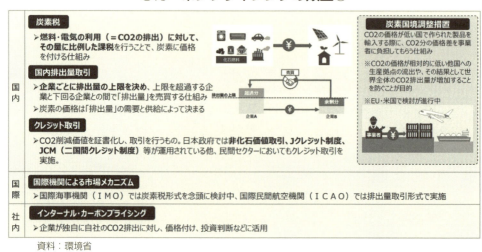

資料：環境省

CO_2排出者は、排出量に応じたコストが発生することになるため、コストを抑えるべく排出量を減少させる行動をとることが期待されます。大まかには左ページの図のような類型があります。

新しいエネルギーへの期待

　カーボンニュートラルをめざすためには、どんなエネルギーを利用するかは重要な課題です。物流とかかわりの深いものについてみると、トラックについては、化石燃料利用からの脱却が期待されています。

　化石燃料の利用を減らすべきと考えられている理由は、ガソリンや軽油を燃焼させることにより、多くのCO_2が排出されてしまうというのが1点、もう1点は化石燃料は自然界に蓄積されているものであり、人間が無尽蔵に利用してしまうと枯渇してしまう危険があるからです。石油の可採年数は50年ともいわれています。

　先のグリーン成長戦略においては、大型の電動車については、2020年代に5,000台の先行導入をめざすこと、2030年までに1,000基程度の水素ステーションを整備する構想が示されています。実際に活用するとなると、現時点ではバッテリー電気自動車（BEV）は、パワー、航続距離の点で不十分とされており、さまざまな方法が模索されています。

　水素燃料電池自動車（FCEV）は、航続距離が長いのが魅力ですが、エンジンの価格が高いのがデメリットです。

　水素エンジン自動車は、電気自動車とはまったく異なり、水素を燃料として車を動かすもので、今後の開発が期待されています。根本的な構造は、従来のガソリンエンジンやディーゼルエンジンと変わりません。水素を燃料とする場合、排出されるのはほぼ水だけであり、CO_2排出量をゼロにできるのは大きな魅力です。

　水素については、石油資源のないわが国においても自ら生成できるのは大きなメリットです。たとえば、水を電気分解して水素を生成することができます。この方法ではいったん電気を使いますが、

再生可能エネルギー（たとえば、太陽光や風力）を使用することで環境に優しい水素を生産できます。

ただし、物流において新しいエネルギーを利用するためには、移動先での補充・充填が絶対に必要です。水素ステーションの普及・設置が待たれます。

ペロブスカイト太陽電池とは

再生エネルギーとして期待が大きいものの、設置場所や発電装置そのものが課題となりがちな太陽光発電について、新しい技術が登場し、期待されています。

「ペロブスカイト太陽電池」は、従来の太陽電池と比べると、厚さは100分の1、重さは10分の1、かつ柔軟性があり、建物の壁面等にも設置できるという特徴があります。

主要原料であるヨウ素を国内で調達できるというメリットもあり、地政学上のリスクも減らせます。

7-3 物流におけるCO₂排出の現状

日本全体と物流部門の割合

2022年度における日本の二酸化炭素排出量は10億トン超、そのうち運輸部門からの排出量は約2億トンで18.5%を占めています。

物流にフォーカスすれば、運輸部門のうち貨物車、航空、内航海運、鉄道に関わる排出量となりますが、メインは貨物自動車といえます。貨物自動車は運輸部門の38.0%、これは日本全体の7.0%に相当しています。

◎運輸部門における二酸化炭素排出量◎

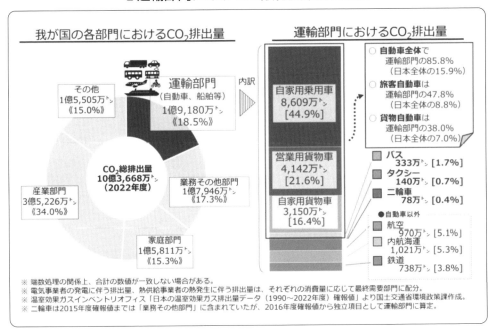

資料：国土交通省

運輸部門からのCO_2排出量は減少してきていますが、2030年に2013年比でマイナス46％という目標を達成するにはまだ不足しています。

なお、排出量の減少は人口減少が寄与しているのではという指摘もされますが、日本の継続的な人口減少は2011年からであり、排出量減少の大部分は産業界等の努力の成果といえます。

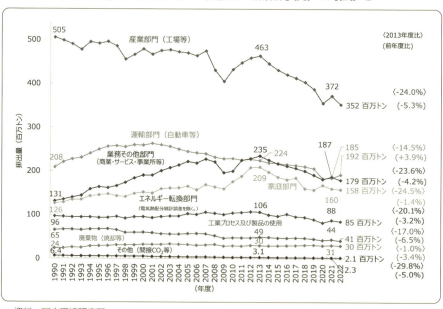

◎CO_2部門別排出量（電気・熱配分後）の推移◎

資料：国立環境研究所

第一歩は自社のCO_2排出量の把握

CO_2の排出量を数値的に把握できなければ、カーボンニュートラルに向けてどのような取り組みをすべきか、どのような取り組みが有効であるかを検討することはできません。

自社のCO_2排出量の算定が、カーボンニュートラルに向けた活動のスタートとなりますが、排出量計算については複数の方法がある

ので、詳しくは、経済産業省等のホームページで確認してください（現時点の最新版は「ロジスティクス分野におけるCO_2排出量算定方法共同ガイドラインVer. 3.2」）。

最も精度が高い計算方法は「**燃料法**」です。計算式は次のとおりです。

「CO_2排出量 ＝ 燃料使用量 × CO_2排出係数」

燃料法の算定には燃料使用量が必要になるので、荷主が運送事業者に委託した物流から発生する排出量を算定する場合、データが揃わない可能性があります。そのため、荷主が自社の物流から発生するCO_2排出量の算定のためには、下図のような計算方法の適用例が紹介されています。

◎荷主の場合の算定手法の適用方法例◎

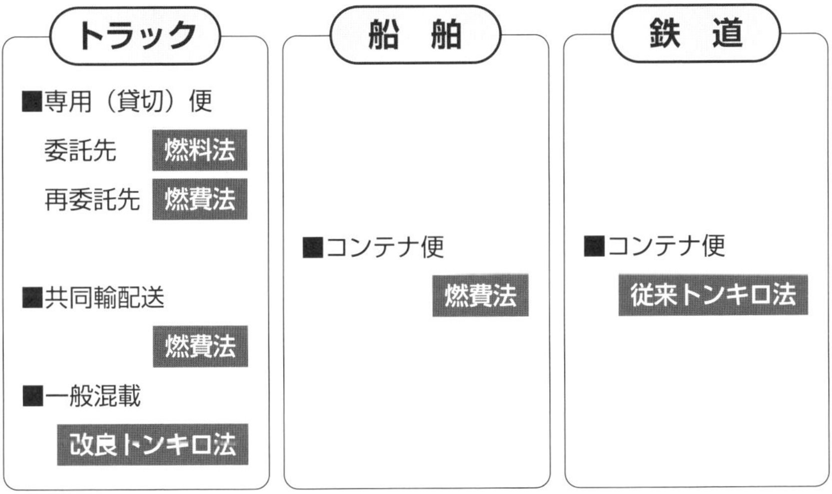

トラック
- ■専用（貸切）便
  - 委託先　燃料法
  - 再委託先　燃費法
- ■共同輸配送
  - 燃費法
- ■一般混載
  - 改良トンキロ法

船舶
- ■コンテナ便
  - 燃費法

鉄道
- ■コンテナ便
  - 従来トンキロ法

それぞれの計算式は以下のとおりです。
- **燃費法**：CO_2排出量＝輸送距離／燃費×CO_2排出係数
- **改良トンキロ法（トラック）**：
  　　　　　輸送トンキロ×改良トンキロ法CO_2排出原単位

- 従来トンキロ法（鉄道、船舶、航空）：
  輸送トンキロ×従来トンキロ法輸送機関別CO_2排出原単位

　なお、「燃費法」とは、燃料使用量の把握は難しいが平均的な燃費は把握できる、という場合に採用され得る計算方法です。燃費と輸送距離からCO_2排出量を算定します。

　「従来トンキロ法」は、車種別、輸送モード別に輸送トンキロからCO_2排出量を算定するものです。燃料法や燃費法での計算が難しく、簡易に算定したい場合にはこちらの方法が推奨されます。

　「改良トンキロ法」とは、従来トンキロ法の改良版ですが、トラックのみが対象です。積載率を反映することができるため、積載率の向上等の効果をはかることが可能になります。

7-4 荷主における脱炭素への取り組み

脱炭素の取り組みの方向性

荷主における脱炭素の取り組みの方向性は、以下の2点に整理できます。
①実施すべき物流からCO_2排出量を減らすこと
②実施すべき物流の形を変えること

まず、①について具体的な方法をみると、3つの方向性が考えられます。

実施すべき物流からCO_2排出量を減らすためには、同じ物流量でもCO_2排出量が少ない輸送手段を選ぶのが1つの対策です。ここで、**モーダルシフト**があげられます。

一方、モーダルシフトできないトラック輸送も当然あるので、その部分については2つの方法が考えられます。

1つは、車両は同じでも運転のしかたによってCO_2排出量を減らすということです。エコドライブの項をみてください（191ページ参照）。もう1つは、車両そのものの脱炭素性能を上げるということで、これについては国の施策として7-2項で説明しています。

②についてはいろいろなパターンがあり得ます。大きな成果を上げた事例を次ページに紹介します。

モーダルシフトの有効性

モーダルシフトは、トラックドライバー不足対策として注目されていますが、環境負荷軽減対策としても大いに有効です。

ＳＤＧｓやＥＳＧ（環境（Environment）・社会（Social）・企業統治（ガバナンス　Governance））、経営・投資といった考え方に対応するために、荷主企業も物流における環境負荷軽減にはより熱

心になっているといえ、多数の取り組み事例があります。下表はそのうち、(一般社団法人)日本物流団体連合会において、「2024年度モーダルシフト優良事業者大賞」表彰を受けたものです。

企業名	輸送区間	輸送モード
コクヨロジテム、日本通運	千葉県－佐賀県	船
シジシージャパン、全国通運等	埼玉県－北海道、広島県、新潟県	鉄道
ナイキジャパン、佐川ＧＬ等	千葉県－九州	鉄道
味の素、Ｆ-ＬＩＮＥ	神奈川県－兵庫県	鉄道、船
三井化学、丸全昭和運輸等	神奈川県－福岡県	鉄道
山九	(全顧客に対して提案)	鉄道、船
センコー	徳島県－東京都	船
富士フイルムロジスティックス、鈴与等	大阪府－福岡県	船
ＯＣＣ、サンキュウ・トランスポート・東京等	栃木県－福岡県	船(ラウンド輸送)
佐川急便	各地	鉄道
シーピー化成、佐川急便	岡山県－福島県	鉄道
タカラ化工、鈴与等	滋賀県－福岡県	船
チタン工業、鈴与等	山口県－関西・関東	船
日本通運	神奈川県－福岡県	船
日本ペイント・オートモーティブコーティングス、日本通運	愛知県－福岡県	鉄道(ＩＳＯタンク)
ＹＫＫ ＡＰ、日本通運	熊本県－埼玉県	船

資料：日本物流団体連合会

連携による取り組み

　物流の効率化およびCO_2排出量削減への取り組みは、自社だけでなく、複数の事業者で連携して行なうことにより、1社ではなしえない大幅なCO_2排出量の削減を実現させることができます。

　「グリーン物流パートナーシップ会議」では、毎年、同業他社やサプライチェーン間、物流事業者等と連携して環境負荷低減に効果をあげた事例を表彰しています。

　次ページの表は、2023年と2024年の表彰事例の抜粋です。ネスレ等の事例では、200～350kmの中距離帯での輸送をモーダルシフトしたのが特徴的です。また、鉄道貨物は発着荷主と貨物駅の間はコンテナ専用のトラックで運ばれることが一般的ですが、駅の積替機能を利用し、普通のトラックで運んでいます。これにより、集配車両の確保のしやすさも増しています。

　シジシージャパン等の事例では、小売業各社が全国でばらばらに調達し輸送していたものを、データを共有することにより、物流をまとめられる商品や調達先、輸送ルートを発見していきました。

　佐川急便等の事例では、薬王堂、ＰＡＬＴＡＣの両社が岩手から青森・秋田へと長距離の非効率な店舗納品を行なっていたものを、共同の配送拠点を設け、効率化しました。雪害などでも近場の拠点に在庫があるので安心なシステムが構築できました。

　アース製薬等の事例では、パレット化、車両大型化、複数荷主混載、モーダルシフト、中継輸送、検品レス等、"物流の効率化"というべき要素が詰め込まれています。

　日本アクセスの事例では納品量について上限設定を設けたのが特徴的です。上限を設定することで、急な車両調達が不要になります。

　江崎グリコ等の事例では、リードタイムを1日から10日へ思い切った延長を行ない、在庫拠点を減らし、転送の発生を減らしました。

　事務機複数メーカーの事例では、ライバル企業同士が共同で物流を行なうことにより、物流での競争はしなくなったことになります。

◎グリーン物流パートナーシップ会議 表彰事例◎

企業名	取組み内容	削減効果
ネスレ、日本運輸倉庫、全国通運、静岡通運	200～350kmの輸送をトラックから鉄道へ。貨物駅の積替機能を活用して日々40コンテナ。	900t-CO_2 63% 4,000台
シジシージャパン、ラルズ、フレスタ、原信ナルスオペレーションサービス、JR貨物、全国通運	小売業各社が調達。調達商品の物流は産地一任。輸送経路はばらばらで非効率。→物流・商流データを共有し、調達先集約や輸送ルート集約、モーダルシフトも。	842t-CO_2 78% トラック走行距離79万km
佐川急便、薬王堂、ＰＡＬＴＡＣ	人口減少地域向けの食品・非食品の共同輸配送。配送拠点共有、店舗への共同配送、資材共同回収。	687t-CO_2 14% 3,756台
アース製薬、大塚倉庫、加藤産業等	手積み→パレット化・サイズ統一、車両大型化＋複数荷主混載＋モーダルシフト＋中継輸送体制構築のうえで11社共同配送。ＡＳＮで検品レス納品。	615t-CO_2 1,602台
日本アクセス、東急ストア、ＳＢＳロジコム	小売店舗への納品条件を改正。便ごとカテゴリ指定を廃止、100％積載で出発、上限も設定。	197t-CO_2 4% 239h/日
江崎グリコ、プレミアムウォーター、キユーソー流通システム等	在庫拠点：6か所→1か所、リードタイム：D+1→D+10、手荷役→パレット化。拠点間転送ゼロへ。	94t-CO_2 39% 1,550台 81%
事務機複数メーカーによる複合機などの共同配送	地方都市における低積載配送改善のため、共同配送拠点を設置、顧客への配送を共同化。	63t-CO_2 16% 938台

資料：グリーン物流パートナーシップ会議

7-5 物流業界における脱炭素への取り組み

📦 トラック運送事業者における取り組み

　社団法人全日本トラック協会(以下、「全ト協」と略します)とは、約6万3,000社のトラック運送事業者のうち5万社弱の事業者が所属している団体です。全ト協の方針がトラック運送事業者のおよその方向性になるといえます。

　全ト協では、車両総重量8t以下の車両について、2030年における電動車の保有台数を10%とするとの目標設定を行なっています。

　また、政府のグリーン成長戦略における商用車の目標を満たすためのトラック運送業界の目標として、全日本トラック協会が都道府県別のハイブリッドトラックや電気トラックなどの保有台数を毎年把握、公表するとしています。

前提1)　2026年には新車販売の25%が電動車になるとする
前提2)　使用年数中型15年、4トン以下8年での買い替えを想定
前提3)　保有台数は一定で、2026年から毎年直線的に電動車が増加すると考える → 2030年には10%の保有率となる

📦 エコドライブの推進

　上に述べたような車両の変化によるCO_2排出量の削減も大いに期待するところではありますが、まだ時間もかかります。

　すぐ、どの事業者も取り組めるものとして、おだやかな発進・加速、エンジンブレーキの多用、アイドリング・ストップといったエコドライブの推進、また、エコドライブを効果的に実施するためのEMS(エコドライブ・マネジメント・システム)の導入、車両の整備点検の実施があります。

　現行の車両のままでも、こうした取り組みを実施すれば、燃料消

費が抑えられCO_2排出量は減るので、運送事業者だけでなく、すべての車両のドライバーに取り組んでもらいたい内容です。

　以下の表は、エンジン回転数とアクセル踏み込み量により大幅に燃費が改善されることを示したものです。アクセルの踏み込み量を50%にしただけで燃費が32%改善されるという結果が出ています。

◎エンジン回転数とアクセル踏み込み量により異なる燃料消費量◎
（発進から400mまで加速した場合）

大型車	2,100回転シフト100%踏み込み	1,600回転シフト75%踏み込み	1,200回転シフト50%踏み込み
消費量（cc）	328	270	248
燃費（km/L）	1.22	1.48	1.61
燃費差（%）	基準	21	32

資料：いすゞ自動車

　また、EMSは、デジタル式運行計（デジタコ）等の機器を用いて、速度と燃料消費量の関係等を具体的な数値で把握し、エコドライブを計画的かつ継続的に実施するとともに、その運行状況についての客観的評価や指導を一体的に行なうものです。

　エコドライブの進め方、具体的な運転方法等については、全ト協の「エコドライブ推進マニュアル」が参考になります。次ページにあげた10ポイントを実践することで、環境負荷低減とともに使用燃料も削減でき、コストダウンも図れることになります。

◎エコドライブの方法◎

① **自分の燃費を把握しよう**
自分の車の燃費を把握することを習慣にしましょう。

② **ふんわりアクセル「ｅスタート」**
発進時は穏やかにアクセルを踏みましょう（最初の５秒で時速20km程度が目安）。日々、穏やかな発進を心がけるだけで、燃費は10％程度改善し、穏やかな発進は、安全運転にもつながります。

③ **車間距離にゆとりをもって、加速・減速の少ない運転**
走行中は、一定の速度で走ることを心がけましょう。車間距離が短いとムダな加速・減速が増え、燃費が悪化します。

④ **減速時は早めにアクセルを離そう**
早めにアクセルから足を離すことでエンジンブレーキが作動し、燃費は２％程度改善します。減速時、坂道を下るときにもエンジンブレーキを。

⑤ **エアコンの使用は適切に**
車のエアコン（Ａ／Ｃ）は車内を冷却・除湿する機能です。暖房のみ必要なときは、エアコンスイッチをＯＦＦにしましょう。エアコンスイッチをＯＮにしたままだと燃費は12％程度悪化します。

⑥ **ムダなアイドリングはやめよう**
待ち合わせや荷物の積み下ろしなどによる駐停車の際は、アイドリングはやめましょう。10分間のアイドリング（エアコンＯＦＦの場合）で、130cc程度の燃料を消費します。

⑦ **渋滞を避け、余裕をもって出発しよう**
10分間余計に走行すると燃料消費量は17％程度増加します。

⑧ **タイヤの空気圧から始める点検・整備**
タイヤの空気圧は１か月で５％程度低下します。タイヤの空気圧が適正値より不足すると、市街地で２％程度、郊外で４％程度、燃費が悪化します。エンジンオイル・オイルフィルタ・エアクリーナエレメントなどの定期的な交換によっても燃費は改善します。

⑨ **不要な荷物はおろそう**
車の燃費は、荷物の重さに大きく影響されます。100kgの荷物を載せて走ると、３％程度も燃費が悪化します。空気抵抗にも敏感です。スキーキャリアなどの外装品は、使用しないときには外しましょう。

⑩ **走行の妨げとなる駐車はやめよう**

（資料：全日本トラック協会）

📦 物流センター・倉庫における取り組み

　物流センターおよび倉庫においては、館内の照明について人感センサーを付けて無人の間は消灯しておくとか、ＬＥＤへの変更等が行なわれています。これらについては、どの倉庫においても進めるべき対策といえます。

　一方で、作業場の明るさや空調に関しては、これまで作業者に対し薄暗い場所での作業や暑熱に耐えることを強いていたような場所もあるはずで、そういった場所ではむしろ電気使用量をアップさせても作業環境を向上させる必要があるのではと感じます。

　倉庫の天井に太陽光パネルを設置すれば、という声もよく聞きますが、従来の倉庫には天井部分に重量物を載せることは考えられておらず、強度不足という問題がありました。最近、太陽光パネル自体の軽量化が進んできたため、検討の俎上に載ってきています。

　電気を大量に利用する冷蔵・冷凍倉庫においては、冷媒として利用されているフロンの取扱いが課題になっています。環境負荷の小さい冷媒へと切り替えるタイミングは、倉庫建替えの際ということになりますが、倉庫事業者の９割超は中小事業者であり、大規模投資が必要な際には国による助成が期待されています。

　また、家庭の冷蔵庫でもいわれるように、冷気は頻繁に扉を開け閉めすることで逃げてしまい、より電気代がかかることになります。

　最近の冷凍・冷蔵倉庫では長期間保管するのではなく、頻繁に貨物を出し入れすることが要求される場合も増えており、物流サービスの点ではさまざまなニーズに応えられると思われる一方、エネルギー効率の点では悪化する恐れがあります。

おわりに
～結びに代えて～

　本書では、物流が大きく変わりつつあるという認識で、その変化のさまを紹介してきましたが、その変化はこれまでの常識を否定するという形で起こっています。その変化のポイントを改めて確認しておきましょう。

　まず、これまで荷主がまったく関知しなかった積み降ろし現場でのドライバーの荷待ち・荷役作業時間の短縮に荷主が積極的に取り組むことを要求されているということです。
　ここには法規制がかかっており、対応が不十分だと罰則が科せられます。現場でのドライバーのことなど知らない、では済まされなくなってきた点は十分認識すべきです。

　また、これも法規制の対象ですが、荷主に対して積載率の向上が努力義務として課されています。特に、これまで短いリードタイムでの納品が要求されていた顧客納品の分野では、日常的に低積載のトラックが多く見受けられました。この積載率の向上に荷主が取り組むことが要請されています。
　積載率を向上させる方策の1つが「**納品リードタイムの延長**」です。納品までの時間を長くすることで、積み合せの機会が増えます。リードタイムが短い場合、顧客と約束した時間的制約で積載率など考えずに納品に出発していました。この時間的な制約を取り払うことで積載率の向上をめざすということです。
　積載率の向上のもう1つの方策が「**共同配送**」です。同業他社と一緒に配送することで積載率を向上しようという取り組みです。
　リードタイムの延長も共同配送も「**企業間連携**」がベースになります。取引先との連携、同業他社との連携です。このような連携も

物流における大きな変化です。

　物流は、これまで「個社」で「顧客の要求」に合わせて行なうのが当たり前の形でした。この「個社」と「顧客の要求」というこれまでの物流の前提が崩れてきたということです。これも大きな変化です。

　さらに、**デジタル技術の進展**がこれまでの物流の常識を崩壊させつつあります。その象徴的な変化が「可視化」によって起こっています。デジタル化により、物流の実態がデータで見えるようになってきました。物流のあらゆる局面をデータで見えるようにすると、大きな変化が起こります。

　いうまでもなく、データで見えるようになった「実態」は、現状の物流の制約条件のなかでの実態です。それでは、制約条件を変えたら、実態のデータはどう変わるのかという検討が可能になります。

　その制約にかかわる関係者間で、制約を変えたらこうなるという検討をし、お互いがWin-Winの状態になるような解が見つけられれば、そこで合意が得られ、物流を変えることができます。

　これまでは、物流の実態をデータで見るということができなかったので、そこで働いていたのは「力関係」です。いうまでもなく、データの前では力関係は無力です。これまでの力関係から脱却して、よりよい方向に向かって関係者が協議するという場をもつことができるようになる、ということも大きな変化です。

　そして、物流における変化として大いに期待したいのが、**物流の必要最小化**です。

　これまでは、必要以上の物流を最大限やらされていました。それが、現状の物流です。現状の物流と必要最小限の物流とのギャップが排除すべきムダです。ムダな人の使い方をし、ムダなトラックの使い方をし、ムダな倉庫の使い方をしてきました。

　このようなムダを徹底的に排除することが必要です。現状から必

要最小限への物流の変化は大いに期待される変化です。

　この変化のステップとしては、まず**「物流システム」**づくりが第一歩になります。自社の物流拠点からの「出荷動向」をベースに在庫の配置と工場からの補充を行なうというもので、これが動けば、工場と物流拠点間の物流は必要最小限になります。
　次のステップは、工場における**生産のコントロール**です。物流拠点からの出荷動向をベースに補充が必要な製品の生産量を決めるわけです。生産は本来、補充生産であるべきです。こうすることで、市場が必要とする一定水準以上の在庫が生まれることはありません。
　それにより、工場周辺に多数の在庫置き場を確保する必要はなくなります。保管スペースの大幅の削減が可能になります。これが**「ロジスティクス」**といわれる世界です。

　最後に、ベースとなる出荷動向をサプライチェーンの川下に向かって延ばしていくことが期待されます。
　現状では、ベースとなる出荷動向は自社の物流拠点からの出荷となりますが、顧客である卸の倉庫にメーカー籍の在庫を置いて、その出荷動向をベースに供給活動を行なえるようにすることです。
　これにより、出荷動向はより実需に近づくことになります。これが**「ＳＣＭ」**と呼ばれるマネジメントの第一歩です。

　このロジスティクスとＳＣＭを担うのが**ＣＬＯ**（Chief Logistics Officer）と呼ばれる役職です。
　わが国では、現在に至るまで、この本来の役職を担うＣＬＯは登場していません。この本来のＣＬＯの登場こそが物流における最大の変化かもしれません。
　その登場を願って結びとしたいと思います。

湯浅　和夫

執筆者プロフィール

湯浅和夫（ゆあさ　かずお）――1章、2章、3章担当
株式会社湯浅コンサルティング 代表取締役社長。早稲田大学大学院商学研究科修士課程修了。（株）日通総合研究所（現NX総合研究所）に入社し、取締役経営コンサルティング部長、常務取締役を経て、2004年に（株）湯浅コンサルティングを設立。一貫して企業の物流コンサルテーションに携わり、2000年、日本ロジスティクスシステム協会より「物流功労賞（理論学究面）」を受賞。日本ロジスティクスシステム協会「ロジスティクス経営士専門委員会」副委員長、国土交通省・経済産業省「グリーン物流パートナーシップ会議事業推進委員会」委員。
著書に、『図解でわかる物流とロジスティクス いちばん最初に読む本』（アニモ出版）、『「物流危機」の正体とその未来』（生産性出版）、『結果が出る物流とロジスティクス』（ナツメ社）、『物流とロジスティクスの基本』（日本実業出版社）など多数。

内田明美子（うちだ　はるこ）――5章、6章担当
株式会社湯浅コンサルティング コンサルタント。慶応義塾大学経済学部卒、日本債券信用銀行（現あおぞら銀行）、（株）日通総合研究所（現NX総合研究所）を経て、2004年より現職。物流コスト削減、物流管理、在庫適正化等に係るコンサルティングに従事。講師として日本ロジスティクスシステム協会、トラック協会、倉庫協会ほかの業界団体やシンクタンクの教育研修プログラムに出講、民間企業での研修実績も多数。
著書に、『図解でわかる物流とロジスティクス いちばん最初に読む本』（アニモ出版）、『図解 よくわかるこれからの物流読本』（同文舘出版）、『最新 在庫管理の基本と仕組みがよ～くわかる本［第3版］』（秀和システム）、『「物流危機」の正体とその未来』（生産性出版）など多数。

芝田稔子（しばた　としこ）――4章、7章担当
株式会社湯浅コンサルティング コンサルタント。早稲田大学人間科学部卒業、（株）日通総合研究所（現NX総合研究所）を経て2004年より現職。官公庁関連の調査研究、物流コスト削減、物流ABC導入、在庫管理等に係るコンサルティングに従事。上記内容のほか、物流危機対応、SDGs等をテーマに物流関連業界団体や民間企業での研修多数。日本ロジスティクスシステム協会「物流現場改善士専門委員会」委員。
著書に、『図解でわかる物流とロジスティクス いちばん最初に読む本』（アニモ出版）、『手にとるようにわかる在庫管理入門』（かんき出版）、『「物流危機」の正体とその未来』（生産性出版）など多数。

【株式会社湯浅コンサルティング】

物流専門のコンサルティング会社。企業の物流の本来あるべき姿を提示して、現状とのギャップを埋めていくというアプローチをとる。物流ABC（Activity-Based Costing）、在庫管理をはじめとする数値分析の経験が豊富。コンサルテーションのほか、勉強会や人材育成の相談にも応じる。お気軽にご相談ください。

設　　立　2004年4月
所 在 地　東京都台東区上野5-3-10-201
電　　話　03-5812-2099
ホームページ　https://www.yuasa-c.com
eメール　湯浅　yuasa@yuasa-c.co.jp
　　　　　内田　uchida@yuasa-c.co.jp
　　　　　芝田　shibata@yuasa-c.co.jp

これからの物流を読み解く！

2025年2月15日　初版発行

著　者　湯浅和夫・内田明美子・芝田稔子
発行者　吉溪慎太郎
発行所　株式会社アニモ出版
　　　　〒162-0832 東京都新宿区岩戸町12 レベッカビル
　　　　TEL 03(5206)8505　FAX 03(6265)0130
　　　　http://www.animo-pub.co.jp/

©YUASA CONSULTING Co., Ltd. 2025 ISBN978-4-89795-294-9
印刷・製本：壮光舎印刷　　Printed in Japan

落丁・乱丁本は、小社送料負担にてお取り替えいたします。
本書の内容についてのお問い合わせは、書面かFAXにてお願いいたします。

アニモ出版　わかりやすくて・すぐに役立つ実用書

図解でわかる物流とロジスティクス　いちばん最初に読む本

湯浅 和夫・内田 明美子・芝田 稔子 著　定価 1980円

物流新時代に知っておきたい基礎知識から、業界動向、ロジスティクスへの展開、コスト管理、物流作業の自動化・省人化、そして環境対応まで、仕事にスグに役立つ実践的入門書。

図解でわかる　在庫管理の基本としくみ

六角 明雄 著　定価 1870円

在庫管理のしくみと基礎知識からコスト削減、経営戦略まで、図解とわかりやすい解説でやさしく手ほどき。中小企業経営者や在庫担当者、経理担当者、新入社員にもオススメの1冊。

図解でわかるSCM　いちばん最初に読む本

神谷 俊彦 著　定価 1980円

ＳＣＭ（サプライチェーン・マネジメント）に関するすべてを網羅。サプライチェーンの基礎知識からリスク管理、ＳＤＧｓの課題解決まで、初めての人でもやさしく理解できる！

部門別に活かす　DX戦略のつくり方・すすめ方＜実践編＞

神谷 俊彦 編著　定価 2200円

生産性向上、業務改善のためには戦略的なＤＸ化の推進・実践が欠かせない。物流部門などの「業務ＤＸ」を実現して成果を上げるためのヒントとテクニックをやさしく解説する本。

定価変更の場合はご了承ください。